博物馆之城建设中的数字化转型

2023年北京数字博物馆研讨会论文集

北京数字科普协会◎主编

中国戏剧出版社
CHINA THEATRE PRESS

图书在版编目（CIP）数据

博物馆之城建设中的数字化转型：2023年北京数字博物馆研讨会论文集 / 北京数字科普协会主编. -- 北京：中国戏剧出版社，2023.12
ISBN 978-7-104-05400-9

Ⅰ．①博… Ⅱ．①北… Ⅲ．①数字技术—应用—博物馆—文集 Ⅳ．①G26-39

中国国家版本馆CIP数据核字(2023)第185832号

博物馆之城建设中的数字化转型：
2023年北京数字博物馆研讨会论文集

责任编辑：齐　钰
责任印制：冯志强

| 出版发行：中国戏剧出版社
| 出 版 人：樊国宾
| 社　　址：北京市西城区天宁寺前街2号国家音乐产业基地L座
| 邮　　编：100055
| 网　　址：www.theatrebook.cn
| 电　　话：010-63385980（总编室）　010-63381560（发行部）
| 传　　真：010-63381560

读者服务：010-63381560
邮购地址：北京市西城区天宁寺前街２号国家音乐产业基地Ｌ座

印　　刷：北京九州迅驰传媒文化有限公司
开　　本：787mm×1092mm　1/16
印　　张：12.5
字　　数：205千字
版　　次：2023年12月　北京第1版第1次印刷
书　　号：ISBN 978-7-104-05400-9
定　　价：99.00元

版权专有，违者必究；如有质量问题，请与出版社联系调换。

《博物馆之城建设中的数字化转型——2023年北京数字博物馆研讨会论文集》编委会

主　编：北京数字科普协会
主　任：阎保平
副主任：刘晓勘　向德春　潘　峰　李迎宾
编　委：（按姓氏笔画排序）
　　　　马浚诚　王振强　曲学利　卓　凡
　　　　哈　骏　张　蜜　郭　豹　胡　江
　　　　鲍　泓

序　言

2023年5月28日，在北京市科学技术协会、北京市文物局、北京市经济和信息化局指导下，北京数字科普协会与北京博物馆学会、中央美术学院城市设计学院和中国农业博物馆等单位联合主办，中国博物馆协会博物馆数字化专业委员会协办，在中国农业博物馆举办2023年（第十届）北京数字博物馆研讨会，研讨会主题是：博物馆之城建设中的数字化转型。

北京数字博物馆研讨会是数字博物馆方面的综合学术交流活动，从2005年开始每两年举办一次，已成功举办了九届，出版了八本研讨会论文集，对利用数字信息技术推动博物馆（科技馆）信息化建设，推动文物数字资源利用，推动博物馆（科技馆）提升公共服务能力等方面具有积极的指导作用，各届研讨会均得到了社会和行业的高度关注和赞誉。

2023年，是全面贯彻党的二十大精神的开局之年，在党的二十大精神指导下，中国特色社会主义现代化建设进入了新的历史时期，在这一重要历史时期，2023年北京数字博物馆研讨会以习近平新时代中国特色社会主义理论为指导思想，在认真学习贯彻党的二十大精神，贯彻习近平总书记关于推动中华优秀传统文化传承等一系列重要论述的基础上，邀请博物馆、企业、科研机构的人员与有关领域的专家和学者就博物馆数字化转型，博物馆数字化与人工智能，数字博物馆专业人员素质标准，博物馆公共文化服务均等化、标准化，提升博物馆公共文化服务水平与效能等相关方面的理论与实践问题，进行专题报告和互动交流，深入研讨和交流与会者的观点、理念、做法和案例，推动博物馆事业高质量、可持续发展。

研讨会上，主办方邀请的11位专家分享了他们各自在博物馆数字化方面的研究成果和案例，受到了参会者的极大关注，引起了热烈反响。研讨会当天，网易科学频道和微赞直播频道进行了线上的直播，当日浏览观看此次研讨会网络直播的观众达4万多人。来自北京地区各高等院校、北京地区相关科研院所、京内外博物馆和与数字博物馆建设相关的数字科技文化企业的领导、专家、学者、艺术家、科学家、教育工作者，以及各主办单位人员、参与和热心关注数字博物馆建设的有关企业人员、科技工作者、高校有关专业的师生等100余人在线下参加了研讨会开幕式，聆听了大会报告。

此次研讨会还展览展示了数字博物馆（科技馆）、有关企业在此领域的新技术、新成果、新案例，组织了数字博物馆数字化创新产品的评价活动，为参会者提供更具针对性、务实性的交流机会，评选出了优秀的数字博物馆数字化创新产品。

经过此次研讨会论文征集和专家评审，从研讨会征集的大会发言材料和论文中选取并辑录了其中21篇，正式出版了这本《博物馆之城建设中的数字化转型——2023年北京数字博物馆研讨会论文集》。希望能够引起社会对博物馆发展更广泛、更深刻的思考，引起更多对博物馆感兴趣的人士在观点碰撞和智慧启迪中交流，在博物馆的科技文化传播上达成更广阔领域的合作。

本论文集是主办单位出版的数字博物馆发展的系列论文丛书，适合从事博物馆（科技馆）和图书馆等公共文化设施的行业人士、文化创意工作者、展览展示举办者、科普工作者、研究开发人员、数字化工作者、科技传播者以及关注博物馆（科技馆）发展的热心人士参考。欢迎读者通过电子邮箱（bjszkpxh@163.com）与我们联系，交流经验，畅谈体会，反映意见，提出建议。对本论文集汇编工作中出现的一些问题，敬请读者批评指正。

在本书的编辑过程中，得到了北京数字科普协会专家们的大力支持和指导，协会有关工作人员做了大量的文稿收集和整理工作，在此一并表示衷心的感谢！

编委会
2023年7月

目 录

序 言 1

主题一
博物馆数字化与人工智能

北京自然博物馆元宇宙博物馆制作开发···刘 科 / 003
导航定位技术在博物馆中的应用研究···王 强 苏 亮 陈俊儒 贺 强 韦 芳 / 018
中小型博物馆抖音短视频内容生产策略研究——以北京艺术博物馆为例···孙秋霞 / 025
博物馆影像数据云上备份系统的建设——以故宫博物院为例·················崔振铎 / 036
奥运藏品专项征集的数字化利用实践···赵 媛 / 045
云计算技术在故宫博物院中的应用···田宏原 / 053
数字化转型助力博物馆更好地发展···雷国静 / 062

主题二
博物馆（科技馆）教育的创造性转化与创新性发展

如何满足美好生活需求：博物馆网站建设思考·····················王依然 郑 霞 / 071
浅谈博物馆从业人员数字化能力建设···张石夕 / 082

浅谈博物馆藏品的数字化管理……………………………………………………谷　京 / 089

融媒体技术助推教学方式现代化之探究
　　——从博物馆融媒体技术应用到文博学教学创意设想…………………孙悦鑫 / 095

主题三

博物馆（科技馆）公共服务市场化改革

浅析数字化观众研究对提升公共服务水平的作用
　　——以重新恢复开放的博物馆为例……………………………………………芦　冉 / 105

浅析基于二次开发的业务系统建设………………………………………………陈静静 / 114

博物馆数字化展厅运维方案设计与实施
　　——以"文化国门—故宫印象"展厅为例………………………………………荣　理 / 123

物联网技术在空调机房水浸监测中应用的探讨
　　——以中国科学技术馆为例………………………………………………………王文渊 / 129

基于用户研究的博物馆信息系统使用效率测算研究……………………………夏　梦 / 135

主题四

数字化展览与讲好中国（历史）故事

浅析如何在数字化展览中讲好红色故事——以中国电信博物馆为例…………崔　楠 / 147

革命文物数字化与可及性创新——以平面革命文物采集为例…………………梁　茵 / 155

跨界融合：AR场景设计在文化古街中的应用与实践研究 ………………………赵哲涵 / 166

试论古籍基础影像资料采集工作的价值、规范和难点…………………………胡一抒 / 176

数字化视域下红色电信记忆传播研究——以中国电信博物馆为例……………王牧贤 / 183

主题一

博物馆数字化与人工智能

北京自然博物馆元宇宙博物馆制作开发

刘 科[*]

摘要： 过去三年在疫情和政策的双重推动下，博物馆行业积极投入数字化转型，许多博物馆推出了不同形式的数字博物馆，北京自然博物馆也在2022年启动了昆虫虚拟数字博物馆的开发。传统数字博物馆大多采用全景720技术展示，而此项目则采用了全3D元宇宙技术。

项目从规划阶段就引入了专业设计流程，对技术风险、时间成本和质量管理等都进行了规划，保证项目的顺利完成。项目开发过程中针对昆虫标本不易3D化采集的问题，采用了高分辨率摄影测量结合AI图像技术的解决办法，最终经过测试，证明3D元宇宙数字博物馆在互动性和趣味性上均比传统全景数字博物馆更具吸引力。此项目的完成为博物馆数字化转型和元宇宙技术的发展提供了良好借鉴。

关键词： 北京自然博物馆；元宇宙博物馆；元宇宙开发

---

[*] 刘科，北京市计算中心有限公司，北京，100094。

联合国教科文组织和国际博物馆协会发布的研究显示，疫情期间，全球 85000 家博物馆被迫关门谢客，占全球博物馆总数近 90%，超过 10% 的博物馆可能永久关闭。在未来，可能存在更多不可预见的风险，非接触式、智慧化服务成为博物馆建设运营新需求，因此博物馆数字化建设需求爆发式增长。北京自然博物馆作为中国依靠自己力量筹建的第一座大型自然历史博物馆，是国家文物局公示的首批 79 家国家一级博物馆之一，拥有大量珍贵的标本。其中，许多标本在国内乃至国际上都堪称孤品。常年以来，北京自然博物馆的主要展览形式以线下为主，并承担着大量科普工作的开展。然而，疫情的袭来迫使北京自然博物馆多次限流、闭馆，无法正常发挥其职能。于是，在数字化技术飞速发展及疫情影响所产生的社会需求的双重推动下，博物馆纷纷寻求数字化转型与发展。

据《2022 年文博数字化报告》统计，截至 2021 年，博物馆线上展览的数量猛增至 3000 多个，并且还在不断增长。包括中国国家博物馆、中国人民革命军事博物馆、首都博物馆、故宫博物院等头部博物馆都纷纷开启数字化进程，不同程度地开展了数字化文物、数字展览等活动或研究工作。

2023 年 2 月，中共中央、国务院发布了《质量强国建设纲要》，文件中提到，大力推动图书馆、博物馆等公共文化场馆数字化发展，加快线上线下服务融合。几大政策接连发布极大地推动了博物馆数字化的快速发展，也预示着博物馆的数字化转型成为博物馆未来发展不可逆转的趋势。

博物馆的数字化转型是一个极为年轻的方向，几乎没有完整成熟的经验可以参考。如何进行数字化，数字化到何种程度，以何种形式实现数字化，成为摆在众多博物馆面前的一道难题。现阶段已完成的数字博物馆，大多是采用全景摄影技术采集的实体博物馆照片，仅能基本满足参观职能，缺乏互动性与趣味性。如何用更丰富的技术手段和更人性化的服务打造数字博物馆成为近期的重点研究方向。

2021 年，随着 Soul 在行业内提出的社交概念和 Facebook 更名为 Meta，一个产生于 1992 年科幻小说《雪崩》的名词——元宇宙（Metaverse）火爆全球。博物馆作为同时具备收藏、传播、社交等多个属性的载体，与元宇宙的核心元素多重交叉，很适合作为生长土壤。

但是，依托于实体博物馆的元宇宙博物馆在国内外尚无成熟先例，且全 3D 数字虚拟互动技术在开发难度和复杂度上比全景数字技术大得多，无论是技术、资金、人员储备还是开发周期，都备受挑战。因此，此项目的实施将为后续元宇宙博物馆的规划和发展提供大量宝贵经验和良好借鉴。

1. 项目规划

1.1 观展设计理念

元宇宙博物馆是一种基于全 3D 交互的数字博物馆，其开发过程与传统全景数字博物馆完全不同。全景数字技术的主要环节由拍摄、拼接处理、平台发布组成，每个环节都有成熟的软硬件解决方案，现阶段几乎可以做到一键完成。其中展品的浏览、互动，平台的交流、逻辑判断等均通过超链接完成，技术难度不大，开发周期、成本可控易控。但技术自身的一些限制也导致数字博物馆缺乏参与感和互动性，如画面偏静态、移动范围不自由等问题，导致参观者失去了在全景博物馆中探索的兴趣，只是走马观花式的参观，有违建设数字博物馆的初衷。

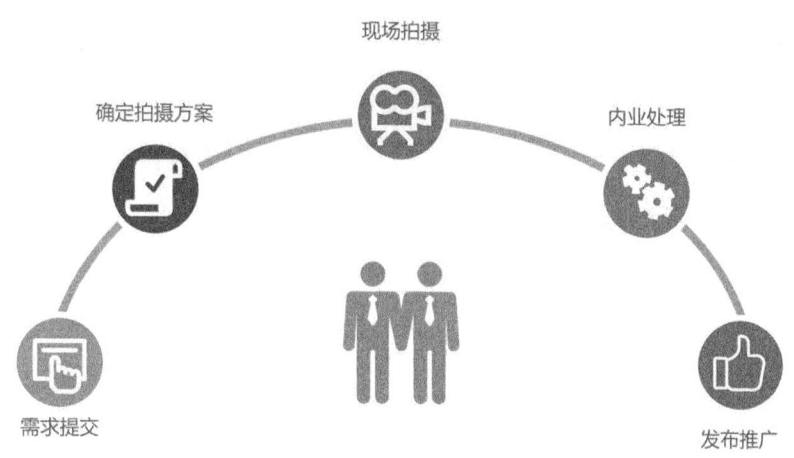

图 1　全景数字博物馆制作流程

全 3D 元宇宙博物馆在技术路线上与游戏、虚拟现实开发大致相同，都需要大量工作，包括 3D 模型制作、材质绘制、场景构建、路径规划、交互设计、逻辑实现、资源优化等。开发难度大，开发成本高，在美术和技术方面都有很高的技术门槛，相应的专业人员储备不足，从而导致其开发规模、难度都远远大于全景数字博物馆。

同时，全3D元宇宙博物馆具有全景数字博物馆无法企及的优势，需要开发团队在项目设计阶段就进行分析、研判，充分发挥相应优势，并通过项目管理来控制技术、效果和成本的平衡。

北京自然博物馆昆虫虚拟馆在设计阶段进行了专业的规划设计，首先确定了元宇宙数字博物馆的两大核心优势：

（1）交互环境高自由度：现阶段数字博物馆都是采用静态全景图片进行展示，整体游览过程是一张张不同的全景图片在逻辑上进行连接，形成连贯游览的错觉。然而每一个观察点的观察位置却是固定的，只能原地旋转观察角度，无法自由行动。同时，由于全景照片仅仅是图片，因此场景中也不会出现可动物体，相当于整个场馆是静态的、空寂的。要想打造具备活力的、动态的数字博物馆，就必须采用全3D技术制作，所有的单位，包括场景、展品、人物都是3D空间中的单独个体，可以实现运动、交互，尽量满足现实世界中的物理规则，让参观者真实感受到博物馆的存在。

（2）社交属性深度嵌入：元宇宙从技术层面来看其实大部分并非新技术，其备受关注的原因主要来源于社交属性。现阶段以全景照片为主的数字博物馆均为单人观展体验，完全没有社交。而元宇宙博物馆则可以利用3D技术创建用户数字分身，以虚拟身份充分融入虚拟空间，实现最大限度的社交。

为了充分发挥元宇宙博物馆的优势，设计团队在设计大纲要求的基础上增添了可以自由社交和在各场所穿梭的"中心岛"，既增强了单线观展的内容丰富度，也赋予用户极大的自由度，满足了用户虚拟分身的社交要求。

展厅故事线："小昆虫 大世界"的探索之旅

图2　自然馆元宇宙博物馆设计观展核心

展馆整体空间结构形式设计为环绕形式，以中心岛为核心，八大展区环绕四周，从引言厅开始浏览展馆，依次观展，直至结语厅观展结束（图2）。该结构的展厅形式可将参观者动线分为两条，分别体现完整性与主观能动性，体现展厅的自主性。其中，动线一从引言厅到结语厅，可游览完整个展馆空间，自动导览参观时长为40分钟，合理分配每个展区参观时间，以便得到最佳观展体验。动线二则可在离开任意一个展厅时选择进入中心岛自主地选择下一个参观展厅，满足参观者自主漫游与热点互动的功能。

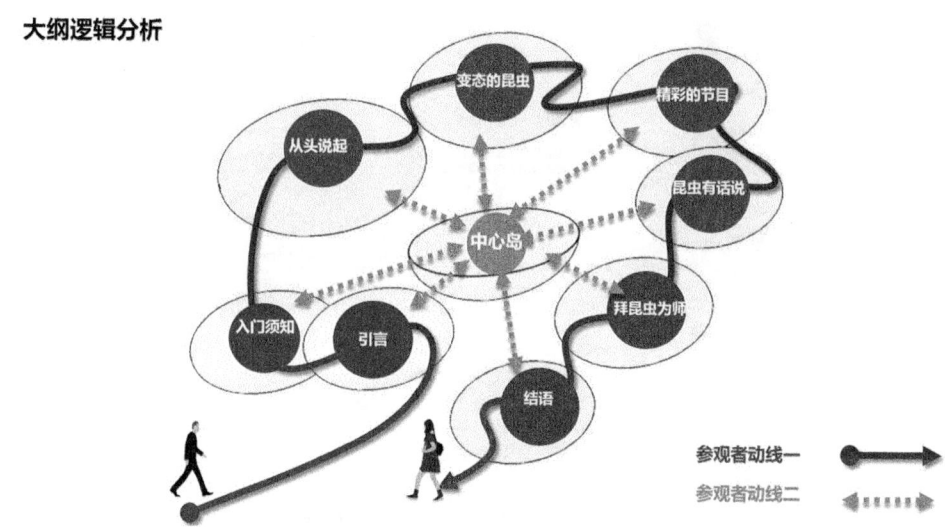

图3 虚拟展厅动线设计

虚拟博物馆并不像实体博物馆那样存在真实的导览员，也不像网络游戏那样存在GM（游戏管理者），因此无法根据游客的行为和反馈实时调整展示内容。这就需要依靠故事设计、互动设计等手段将游客留在场馆中，激发游客的探索欲望。从设计角度来讲，互动手段必须兼具直观和惊喜两种属性。

直观代表着游客无须进行专业的学习培训，就可以很快适应在虚拟博物馆中的行为逻辑，这需要人机工程学领域的专业能力，让人们在日常互动或其他交互系统中的经验可以在本虚拟博物馆中直接产生正向反馈。而惊喜则需要将一些互动内容隐藏起来，让游客在自由探索中偶然发现，产生成就感。简而言之，既需要游客在进入虚拟博物馆的几秒钟内就能知道如何互动，又需要让互动内容不在很短的时间内被游客全部发现，保有神秘感，这从设计角度来说并非易事。在北京自然博物馆虚拟展馆的项目中,我们采用了先进行故事流程设计,再统一交互逻辑,最后埋藏交互彩蛋的设计流程,保证故事线、游览体验的统一性和完整性。(图4)

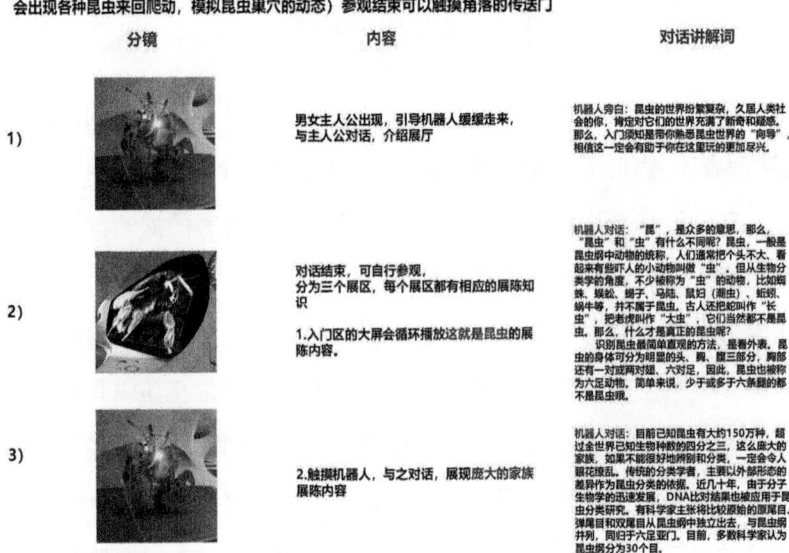

图4 每个展厅都有脚本和故事设计

1.2 互动设计

全景数字博物馆由于技术的天然限制,其场景视觉固定,场景内存在的内容也固定,互动仅能实现鼠标点击和超链接,展示方式均为单独弹出网页或小窗口。而利用3D技术实现的虚拟博物馆则可以实现多种互动手段,如需要点击、靠近等触发的主动式交互,或场景中无须操作即可互动的被动式交互,满足某条件后自动触发的程序逻辑交互等。并且所有的互动内容可直接在场景内展开,不存在场景跳跃的割裂感,因此可以有很大的发挥空间。同时,为了满足多终端(PC、移动平台)实时加载,必须采用基于网页的 WebGL 技术,出于网络安全性考虑,也必然有一部分权限限制。为了避免交互单调枯燥,我们在交互设计上采用了场景热点、多媒体热点、交互热点三种交互方式结合,并将其按照视觉疲劳曲线分布在所有场馆当中,保证每个展馆都有交互亮点,鼓励游客探索。

同时,设计融入元宇宙设计思路,加入了问答环节和数字藏品,奖励充分互动的游客,赠送昆虫元素数字藏品,也是虚拟场馆交互研究的探索实践之一。后续将通过观察游客的游览行为,持续改善虚拟博物馆交互设计理念。(图5)

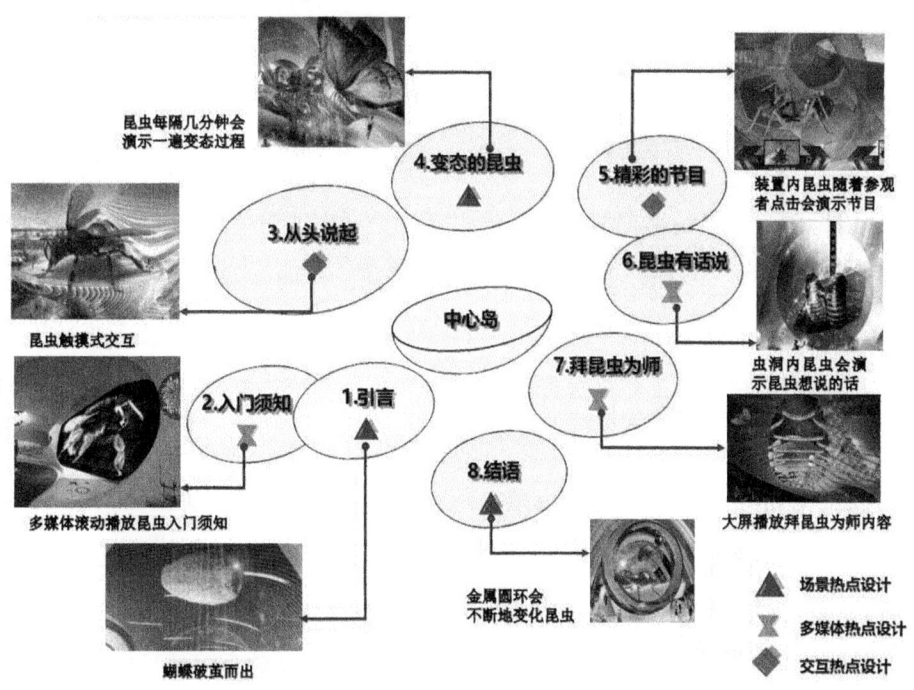

图5 虚拟展厅的交互设计

1.3 项目管理

高自由度的设计理念带来的是整整 9 个风格迥异的 3D 场景的制作，以及数十个可交互角色内容制作的巨大工作量。如果按照常规虚拟现实流程开发，人员、成本、时间很容易失控，进而导致项目管理出现问题。

项目组根据时间要求，逆推出时间甘特图，将时间根据场景、角色数量以天为单位进行拆分，首先，保证 3D 制作精度在合理、可控的前提下进行，不会出现常见的前松后紧的现象。其次，在项目实施早期，对设计团队、3D 美术、程序开发和管理人员进行了权责划分，并通过数次沟通协调会及早确定开发难点、制作重点等内容。对于特别耗时的内容在设计阶段就进行了精简和优化，保证开发进度按照时间表稳步推进。最后，将团队现有资源进行多次全面梳理，以部分美术资源复用、功能小范围修改等方式减少了大量无意义的劳动，并聘请专业人员在技术环节进行快速指导，确保问题得到快速处理。

最终，项目在预定时间内完成，且效果基本达到设计要求，没有出现过于紧张或卡壳的环节，顺利进入测试阶段。

2. 技术实现

2.1 信息采集

一个以昆虫为主题的虚拟博物馆，昆虫必然是展出的主体。在北京自然博物馆的大力支持下，我们对 50 个昆虫进行了三维信息采集。然而，现阶段 3D 信息采集的精度相对于个体微小的昆虫来说依然不足，即使是采用最高精度的工业级三维扫描设备，其最高理论精度依然无法采集昆虫纤细的腿部数据（图 6），甚至昆虫身躯甚至会被当成采集台的噪声数据而被自动处理掉。同时，现阶段工业级高精度三维扫描设备也大多无法采集色彩信息，后续的三维模型上色等工序需要巨大的人力制作，也无法满足项目的时间和资金要求。

经过研究与讨论，项目采用摄影测量技术进行三维信息采集。虽然其精度在业内普遍共识中是低于工业级三维扫描设备的，但三维扫描设备受限的是绝对物理尺寸，而摄影测量则受限于照片像素。如果照片像素足够丰富，就可以生成小尺寸模型。

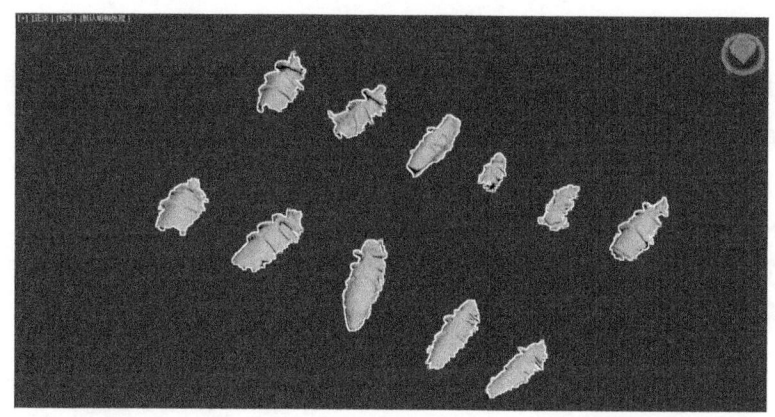

图 6　高精度工业相机依然无法采集甲虫腿部三维模型

于是，技术人员使用了一亿像素的专业相机以提供更丰富的信息，显微摄影使昆虫"变得"巨大，高光度照明使光圈缩小以减弱景深①，甚至使用 AI 放大技术进一步扩大照片尺寸以更明确边缘②，最终得到了较为理想的昆虫三维模型。

不过丰富细节带的是巨大的模型数据量，单个昆虫原始模型平均占用 1.3GB 硬盘空间，不进行处理完全无法应用在实时游览中。同时摄影测量技术产生的模型很容易受到色彩信息的干扰，在花纹边缘产生错误模型结构，因此我们也利用工业级三维扫描设备采集了昆虫的腹部、背部数据以获得正确的三维模型。在数字雕刻、重拓扑、模型贴附投射、色彩烘焙技术的综合应用下，我们得到了单体数据量小于 2MB（保证常规网速下，3 秒内可完整载入），且视觉效果与扫描数据极为相近的昆虫 3D 优化模型。（图 7）

全 3D 虚拟博物馆需要用到大量的 3D 模型计算以及视觉效果计算，然而这些需要专业的 3D 开发环境，也需要专门运行 3D 环境的平台，这样就像安装游戏一样，需要游客下载安装一个巨大的程序包（往往需要数百甚至数千 MB），才能正常运行。然而虚拟博物馆并非游客需要长期使用的工具或娱乐软件，APP、客户端在使用场景上过重不适合，现阶段较为成熟的技术实现方式只有两种：WebGL 网页图形技术和串流云服务技术。从视觉开发角度来看，串流云服务相当于本地 3D 引擎开发环境，自

---

① 景深会产生模糊，对 3D 模型计算产生极大影响。虽然视觉效果舒适，但非常不适合做 3D 空间计算。
② AI 填充的平面细节不真实，会对平面数据产生影响，但较为微小。可边缘处的过渡会大大增强，辅助摄影测量技术创建更明确、清晰的模型结构。

由度最大，视觉效果最好，开发难度低。但如果想通过网页直接浏览，则需要 GPU 服务器进行视频串流服务，对网速、流量要求极高，且多人多路服务器的租用费极其昂贵，短期内难以普及。因此，我们采用了 WebGL 技术进行开发。

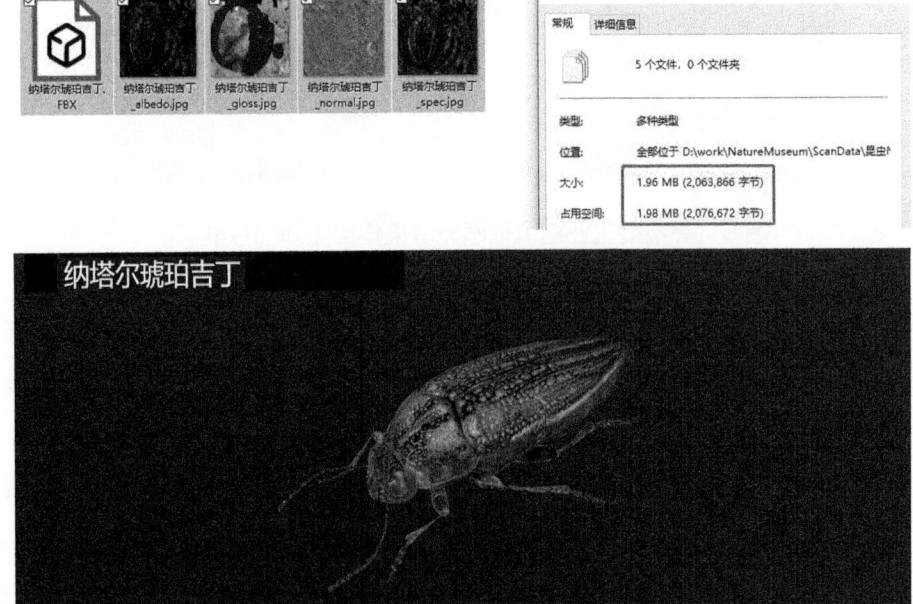

图 7　经过优化后，昆虫模型单体数据量小于 2MB

2.2　视觉实现

WebGL 技术属于一种 3D 绘图协议，现已被主流浏览器广泛支持，为网页提供硬件 3D 加速渲染，该方案无须安装插件，可以实现最大兼容性，无论是微信、支付宝还是系统自带浏览器，都可以直接浏览使用。

WebGL 属轻量化 3D 技术，对于 3D 真实感制作所需的多种着色器均不支持，因此大部分使用了 WebGL 技术的网页交互项目视觉效果较差。在综合考虑的平衡下，着重开发 WebGL 对于法线、光泽度、反射度三个参数的渲染支持，可以在最小数据量传输、最低贴图数量的前提下，最大程度提升画面效果。（图 8）。

主题一：博物馆数字化与人工智能

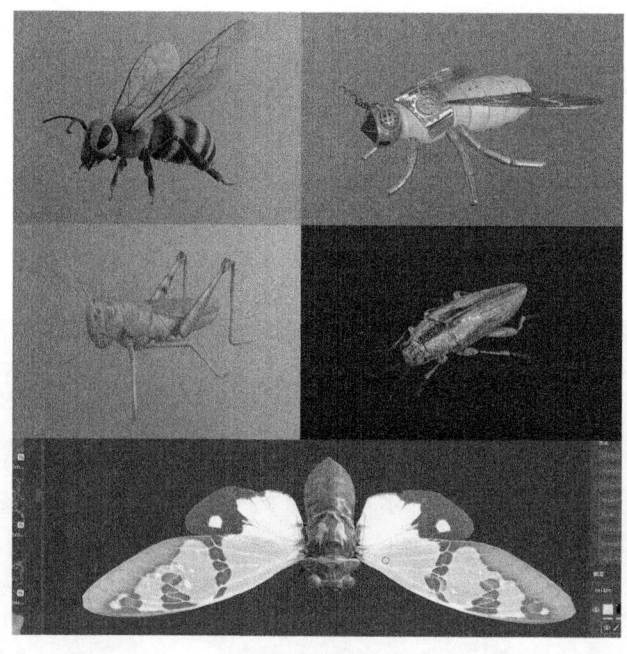

图 8　最终呈现的不同质感昆虫三维模型

2.3　引擎开发

现阶段，专业 3D 引擎 Unity 对于 WebGL 技术的支持越来越强大，许多基于浏览器的 3D 交互开始通过 Unity 开发，如百度希壤平台。但利用 Unity 开发存在几个问题与风险：

（1）环境与生态封闭：构建在 Unity 3D 上的平台都是封闭式环境，无法和其他元宇宙空间以及既有的 Web2.0 视同网络基础设施无缝连接，无法接入直播等 APP 平台中，对于未来的社交需求具有极大限制。

（2）数据包压缩：Unity 3D 本身着重于桌面级 3D 开发，对于美术资源的支持强大，但数据压缩能力弱，不支持流式场景，在现阶段存在场景载入速度慢、耗费流量大等问题。虽然这些问题未来可能会随着网络技术的跨越和网络资费的降低而解决，但短期内依然无法作为主流基于网页的元宇宙解决方案而推广。

（3）未来维护风险：Unity 3D 是由一家美国公司研发的，在未来可能受到公司业务调整、政策变动等风险的影响。而北京自然博物馆的数字博物馆需要长期为用户提供服务，对于未来维护费用、维护能力的不确定性也是运营风险需要考虑的重要因素。

基于以上考虑，技术团队决定与国内 WebGL 技术团队合作，利用自研引擎完成项目的最终实现。经过大量考察与调研，选择采用 O2VR 引擎（图 9），其采用 C++ 开发，提供完整二次开发接口，可以将其无缝嵌入各行业软件平台，也可以在引擎内开发各种插件满足需求，并且在图形资源压缩、Web 开放等轻量级网页应用上都是有优势。

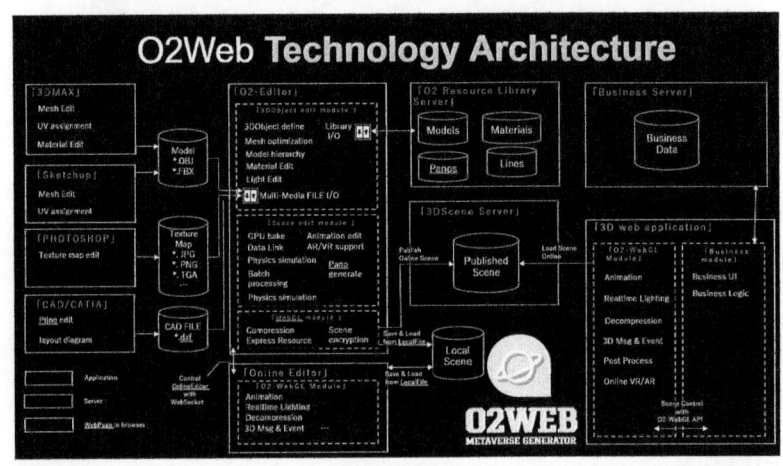

图 9　O2VR 引擎的技术架构

得益于优秀的架构设计和面向 Web 端的优化，北京自然博物馆元宇宙博物馆可以实现同时支持 3000 个用户在线，并且通过美术优化和引擎二次优化，每个场馆的场景数据量控制在 30MB 以内，使用户在 5 秒以内获得直接的视觉反馈。

3. 展示内容

最终，北京自然博物馆元宇宙昆虫虚拟馆以网页浏览器多端支持的形式呈现出来，场馆采用了全 3D 互动引擎，实现了零下载、秒读取的多人在线体验。在交互方面，每个场景均有首次入场动画、首次进入 Tips 提示、中英文实时切换。在美术层面，在算力资源、加载数据量限制的条件下对原始设计进行了最大程度还原，并对设计师的互动设计逻辑进行了适度优化，使之更加简单、直观。最终成果如图 10、图 11、图 12、图 13 所示。

主题一：博物馆数字化与人工智能

图 10　初次进入场馆自动提示

图 11　全场馆 3D 自由选择界面

图 12　O2VR 中英文实时文字、语音切换

图 13　O2VR 全 3D 动态场景构建

4. 结论

目前融入元宇宙要素的数字博物馆依然处在起步阶段，开发工具、开发人员和模式经验都极其缺乏。本项目在制作周期、技术实现、兼容性上都遇到过极大挑战。但是，全 3D 高社交属性交互的数字博物馆从用户反馈来看依然是非常积极的，大多数试用者都表达了对这种交互模式的喜爱及展望。尤其是少年儿童对于元宇宙博物馆具备天然的亲近感，在操作上毫无门槛，而且能提出很多改善意见。通过调研发现，儿童在元宇宙博物馆中无干预的自由游览时长均超过了 10 分钟，超过了许多全景数字博物馆。可以说，达到了项目设计提高用户黏度、增强互动乐趣的初衷。

元宇宙数字博物馆的技术依然有巨大的增长空间，对于场景、环境、设计的展现还原能力也具备很高的上限，在展示自然景观、生物多样性上具备极大优势。未来，随着元宇宙技术的不断发展，元宇宙自然博物馆将会有更加丰富的展示内容和更加逼真的虚拟体验，从而更好地传播自然环保知识，提高大众的环境保护意识。

参考文献

[1]黄磊译:《新冠肺炎疫情下的全球博物馆》,载湖南省博物馆学会编《博物馆学文集》(15).湖南人民出版社2021年版。

[2]涂超:《博物馆文化产业数字化转型的现状与对策研究》,《文化创新比较研究》2023年第3期。

[3]李睿:《恶托邦的元病毒——论斯蒂芬森科幻小说＜雪崩＞的元宇宙叙事》,《外国文学动态研究》2022年第6期。

[4]吕芳芳:《日本博物馆虚拟展览的现状及特点》,《科技创新与应用》2023年第14期。

[5]程希:《"让文物活起来"的虚拟化发展动向观察》,《客家文博》2023年第1期。

[6]李洋:《博物馆文物三维数据采集技术探析》,《博物馆管理》2020年第3期。

[7]唐守亮:《基于WebGL的交互式虚拟漫游研究——以青海传统手工艺为例》,青海大学硕士学位论文,2019年。

导航定位技术在博物馆中的应用研究

王强　苏亮　陈俊儒　贺强　韦芳[*]

摘要：随着信息化技术的不断发展，人们对室内高精度定位的应用需求增加，特别是在一些较为复杂的室内环境中，譬如博物馆、大型地下室等场景的导航需求激增。所以在复杂室内环境中，如何提高导航定位的实时性、精确性是一个急需解决的技术难题。本文分析了当前主流的博物馆定位技术及其定位性能，并从定位精度、成本、优缺点等方面对比分析，发现蓝牙+地磁+陀螺仪三向定位技术和点云技术在各方面均较为突出，以期给博物馆室内定位应用建设提供有益的参考。

关键词：博物馆；室内导航；定位技术

建设社会主义文化强国是实现中华民族伟大复兴的基础支撑。文化是一个国家、一个民族的灵魂。坚定文化自信、增强文化自觉、实现文化自强，事关国家前途命运、民族发展进程和人民利益福祉。博物馆作为文化载体，承担着让文物"活起来"的新

---

[*] 王强、苏亮、陈俊儒、贺强、韦芳，中电万维信息技术有限责任公司，兰州，730000。

使命。近些年，国民的文化认同不断增进，博物馆成功"圈粉"年青一代，"到博物馆去"已成为百姓生活新风尚。自2021年国家文物局、北京市人民政府签署共建北京"博物馆之城"战略合作协议后，北京市各博物馆都在紧锣密鼓地安排升级改造或数字化改造内容。因此，博物馆应借力东风，主动求变，在现有展陈基础上，更注重游客体验感。导航定位技术是智慧博物馆的一小部分内容，但该内容又和其他观展体验密不可分。本文以博物馆导航定位方法为切入点，为各博物馆的数字化改造提供新思路。

1. 室内定位方法

1.1 蓝牙

蓝牙技术是一种低成本的短距离无线通信技术，在博物馆内可以较低成本实现设备一对一或一对多的无线数据通信，能在移动电话、笔记本电脑、平板电脑以及外置设备间进行无线信息交换。目前常用的蓝牙是4.0版本，该版本性能较好，且覆盖范围大，功耗也较低。[1] 该版本蓝牙技术使用2.4GHz的ISM频段，正常状态下覆盖半径约为10m，最远可达100m，传输速度为2Mb/s。[2]

1.2 WiFi

WiFi技术是基于WLAN协议的一项无线通信技术，具有传输速度快、有效距离长、覆盖范围广、价格低廉及可靠性强的优点，因此常被用于物联网设备及互联网连接。[3] 利用WiFi进行室内定位时，仅依靠智能手机或平板电脑自带的WLAN模块便可实现博物馆定位要求，定位精度可达到1~10m。

1.3 蓝牙+WiFi融合定位

基于K-Means算法对蓝牙和WiFi进行融合定位，结果显示融合算法在误差控制和定位精度方面都有较大提升。10m*10m的区域进行蓝牙+WiFi融合定位测试试验时，最小误差可达0.22m，最大误差为3.53m，平均误差为1.43m，较之单一的蓝牙定位精度提升了35%，较之单一的WiFi定位精度提升了24.6%。[1]

1.4 地磁

地磁具备无处不在、长期稳定的特性，且无须基础设施的优势，无须频繁更新指纹库，从而大大减少了维护工作量，因此，地磁在博物馆导航中具有优势。游客仅使用智能手机内置的磁力计便可以实现定位功能。但也存在全局模糊匹配、跳点的问题[4]。地磁的实时匹配定位精度可达到1m。也有实验得出当网格长度为10.2m时，匹配精度优于0.7m的情况。[5] 而且地磁可以与其他定位方法融合使用，构成多信息定位模型，因而具有较好的研究前景。[6]

1.5 超宽带定位

超宽带定位（UWB）是一种短距离、大带宽的无线通信技术。美国联邦通信委员会规定相对带宽超过中心频率20%，或者绝对带宽大于等于500MHz的无线信号，均称为信号。UWB信号由一系列的极短脉冲组成，单个脉冲长度一般只有几纳秒，甚至不到1ns，每一个脉冲拥有极大的频谱宽带，这使UWB信号有极高的时间分辨率，传输速度在理想的情况下可以达到厘米级的测距精度，此外还具备穿透力强、抗多径、传输速率快等优点，但成本较高，所以很少运用在博物馆当中[5]。在应用方面，Ubisense公司提出了基于TDOA和AOA的UWB室内定位系统，定位精度可达15cm，测距范围达到50m。[7]

1.6 点云

点云（Point Cloud）是指通过激光雷达等设备获取的在同一空间坐标系下对目标物体的空间结构以及表面特征进行描述的大量点的集合。[8] 摄像头和激光雷达都能输出点云信息，激光雷达有测距精度高、不易受环境影响和性能更加稳定的优点，摄像头则容易受视觉遮挡影响点云输出，但成本较激光雷达低。[9] 目前国内点云定位精度大部分都可以达到米级，一些点云建模技术也可以实现5cm的定位精度。

1.7 蓝牙 + 地磁 + 陀螺仪三向定位

蓝牙 + 地磁 + 陀螺仪三向定位技术目前已经应用于中国电信博物馆、甘肃省博物馆等多个博物馆中，该技术较为成熟，与其他应用的融合度也较高。在中国电信博物馆和甘肃省博物馆中，基于该技术与 VR 导航融合，可在米级范围内推送所在区域讲解内容，也能进行自助语音讲解，与推送文物进行交互操作，是目前应用最广的定位方式（如图 1—图 6）。

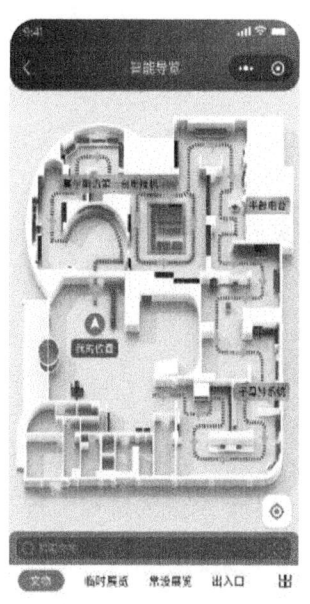

图 1　实时定位反馈

图 2　文物交互推送

图 3　虚拟导游推送

图 4　自助语音讲解

图 5　基于游客定位自动推送语音讲解

图 6　AR 文物 3D 体验

该技术让游客在没有讲解员带领下也能自主完成参观，聆听场馆文化，满足游客个人参观的自由性与自主性，提供不受限制的观览方式，包括以下功能：

（1）显示游览一楼展厅语音总时长以及音频数量；

（2）显示单个板块音频时长以及播放次数；

（3）音频播放/暂停按钮，点击后播放此内容讲解；

（4）点击播放后，下方弹出播放条；

（5）点击目录后，弹出本展厅所有讲解点目录，可单点位聆听参观。

游客开启蓝牙后，通过定位识别游客所属展区，在本页面进行所属区域讲解点推送，游客可开启聆听或关闭。

1.8 5G

5G 具有低能耗、低延迟、高速率、稳定性强等特点，这些特点在博物馆定位中能发挥很好的效果。[5] 在应用方面，时间同步仍然是 5G TOA 定位的难点，现行的 5G 网络同步误差为 50ns 左右，对测距的影响高达 15m，这是未来需要解决的问题。[10] 但现有国内厂商的 5G 定位精度已经可以达到 3m。

2. 方法要点及实践

目前，主流的博物馆室内定位技术有蓝牙定位技术、WiFi 定位技术、蓝牙 + WiFi 融合定位技术、地磁定位技术、超宽带定位（UWB）技术、点云定位技术、蓝牙 + 地磁 + 陀螺仪三向定位技术、5G 定位技术等。博物馆室内定位技术对比分析如表 1 所示。

表 1　博物馆室内定位技术对比分析表

定位技术	定位精度	成本	优点	缺点
蓝牙	10~100m	低成本	性能好，覆盖范围大，功耗低，传输速度快	硬件设施造价相对昂贵，具有一定的推广局限性
WiFi	1~10m	低成本	传输速度快，有效距离长，覆盖范围广，价格低廉，可靠性强	WiFi 信号易受室内环境干扰，定位精度与稳定性较差

续表

定位技术	定位精度	成本	优点	缺点
蓝牙+WiFi融合定位	0.22~3.53m	低成本	定位误差相较单一蓝牙或单一WiFi较低	WiFi信号易受室内环境干扰
地磁	>1m	低成本	全覆盖、无基础设施，能够提供时空稳定性，稳定性高、成本低、安全性高，指纹匹配性强，室内布置系统便捷	指纹区别度低且不具有全局唯一性，存在全局模糊匹配、跳点的问题，易受空间面积影响
超宽带定位（UWB）	>15cm	高成本	穿透力强、抗多径、传输速率快，时间分辨率高，测距精度高	成本较高
点云	>5cm	低成本	测距精度高，不易受环境影响，性能稳定	存在累积误差的问题
蓝牙+地磁+陀螺仪三向定位	>1m	低成本	技术成熟，可在米级范围内推送所在区域讲解内容	路线需要定期更新维护
5G	1~15m	低成本	高速率、低延迟、大容量、高带宽和大规模天线，低成本、低能耗、稳定性强	通信载波频率达到几十GHz，穿透墙面能力差，时间同步仍然是5G TOA定位的难点

基于上述分析，蓝牙、WiFi和地磁都有同样的性质，在造价成本方面不高，覆盖范围广且传输速度也快，但是都易受环境干扰，易受空间面积影响，造成稳定性差和定位精度低；超宽带定位（UWB）虽然定位精度较高，但成本较高；蓝牙+WiFi融合定位稳定性略差，而5G则是精度较低。相比较上述定位技术，以下两种定位技术更值得推广使用，分别是覆盖范围广、不易受环境影响的点云技术和技术成熟、可在米级范围内推送讲解内容的蓝牙+地磁+陀螺仪三向定位技术。

3. 结论与展望

通过对以上几种室内定位技术的分析，发现蓝牙+地磁+陀螺仪三向定位技术较为成熟，应用也较广，该技术可实现米级定位；点云定位技术目前在博物馆中的应用多集中于文物扫描，导航方面的应用不多，但该技术以其优越的定位精度或可成为导航定位方面的热点。

参考文献

[1]徐志浩:《基于WiFi/蓝牙融合的室内定位算法研究》,安徽理工大学硕士学位论文,2022年。

[2]Haiyun Yao et al. "An integrity monitoring algorithm for WiFi/PDR/smartphone-integrated indoor positioning system based on unscented Kalman filter". *EURASIP Journal on Wireless Communications and Networking*, 2020.

[3]陶晓晓、卢小平、路泽忠等:《WiFi融合环境光定位方法研究》,《测绘科学》2020年第6期。

[4]黄博:《室内导航定位技术研究综述及发展前景》,《四川职业技术学院学报》2022年第5期。

[5]柳景斌、赵智博、胡宁松等:《室内高精度定位技术总结与展望》,《武汉大学学报(信息科学版)》2022年第7期。

[6]王志刚、杨绚、邓逸凡:《近地空间航天器量子导航定位算法》,《飞行力学》2015年第6期。

[7]Jiménez A R, Seco F. Comparing Decawave and Bespoon UWB Location Systems: Indoor/Outdoor Performance Analysis [C] // International Conference on Indoor Positioning and Indoor Navigation , Alcal'a de Henares, Spain, 2016.

[8]王洪章:《基于深度学习的三维点云处理》,南京邮电大学硕士学位论文,2022年。

[9]雍川:《基于三维激光雷达的封闭环境点云地图构建研究》,重庆大学硕士学位论文,2021年。

[10]Wan L, Han G, Shu L, et al. "The Critical Patients Localization Algorithm Using Sparse Representation for Mixed Signals in Emergency Healthcare System". *IEEE Systems Journal*, 2015, 12(1).

中小型博物馆抖音短视频内容生产策略研究
——以北京艺术博物馆为例

孙秋霞[*]

摘要： 进入 5G 时代以后，微信、微博、短视频等自媒体平台迅猛发展，让大众拥有了话语权，"人人都是传播者"，让社会文化的传播呈现速度快、范围广、多元视角、扁平化的发展势态。其中短视频以具象、时间短、创作门槛低、碎片化，而且社交属性强等特点，备受社会公众的喜爱。在这种新媒体传播环境下，博物馆转变传统传播思路，纷纷开启短视频，践行博物馆教育的社会职责。以北京艺术博物馆抖音短视频发布为例，从统计数据上看，反映出普遍存在于中小型博物馆短视频传播中内容生产的困境。本文通过北京艺术博物馆发布的短视频数据，以"六何分析法"研究分析中小型博物馆短视频的内容生产策略。

关键词： 文物活化利用；北京艺术博物馆；六何分析法；抖音短视频内容生产策略

---

[*] 孙秋霞，北京艺术博物馆，北京，100081。

随着互联网技术不断发展，以抖音为代表的短视频平台，以短小精悍的视频形式、生动活泼的表达方法而备受年轻用户群体的欢迎。博物馆在这种新媒体环境中，应及时调整传统的传播模式，思考如何通过短视频的形式，把博物馆及文物藏品、展览介绍给更多的观众。通过短视频的方式，让文物"讲好中国故事"，让更多人足不出户就能"逛"博物馆，践行博物馆教育的社会职责，提高公众的科学文化素养。

1. 博物馆传播拓展新途径：短视频

互联网发展进入 5G 时代以来，以抖音为代表的短视频社交平台发展迅猛，博物馆也迅速做出反应加入其中。2018 年中国国家博物馆、湖南省博物馆（2022 年正式更名为湖南博物馆）等七家国家一级博物馆入驻抖音后，推出的"第一届文物戏精大会"创意视频立即刷屏，备受观众喜爱。博物馆将文物做成短视频，具有时间短、知识点集中、语言简练活泼的特点，且符合信息时代公众碎片化学习的行为习惯，因而受到了广大受众，特别是青少年受众群体的欢迎。从另一个角度看，这也是将文物活化利用起来。

在新冠疫情的影响下，博物馆线下接待公众量紧缩，但社会公众对文化消费的需求不减反增，促使博物馆传播手段转向数字化，数字文博纷纷上线，推出的"云展览""云逛博物馆"等直播和短视频受到公众欢迎，越来越多的博物馆在抖音平台开播。

博物馆为了加强传播效果，推出了各具特色的博物馆短视频系列。西安碑林博物馆特级讲解员白雪松讲解的系列短视频"百年雪松带你看千年碑林"，短视频开头第一句"大家好，我是白雪松，今天只讲两分钟"，几乎成为这个系列的标志。秦始皇帝陵博物院专门制作了"文物有话说"系列科普小视频。陕西历史博物馆上线的"观往知来"科普短视频，累计播放量达 50 万次。2022 年故宫博物院推出的"抖来云逛馆"，打造了一个视频版的故宫百科全书，当年就获点赞量 1.3 亿次。2022 年抖音平台发布的博物馆数据报告显示，故宫博物院被评为当年最受欢迎的博物馆。报告还显示，博物馆内容点赞量超过 12 亿次，全国三级以上博物馆抖音内容覆盖率达 98.64%。并且，最喜爱观看博物馆视频的群体是"00 后"的青年一代。由此可见，短视频在博物馆的文化传播中发挥着重要作用，成为博物馆联结公众，特别是青少年观众群体的重要媒介。

北京艺术博物馆顺应了 5G 时代的发展特点,于 2020 年在抖音上正式上线短视频。虽然算不上北京地区反应最快的博物馆,但算是北京市中小型博物馆中较早上线短视频的博物馆。短视频上线之初,就推出了"线上看精品"栏目,希望通过介绍博物馆藏品吸引公众的关注。北京艺术博物馆持续发布短视频三年以来,短视频内容生产越来越丰富,截止到 2023 年 3 月,粉丝量有 6000 多人,获赞数近 3 万个。

2. 北京艺术博物馆抖音短视频内容发布的现状

北京艺术博物馆于 1987 年正式建馆并开放,馆址设在全国重点文物保护单位万寿寺内,占地 3.4 万平方米,藏品达 12 万余件,属于中小型、综合性艺术类博物馆。官方的抖音账号于 2020 年 1 月 17 日上线,截止到 2023 年 4 月 4 日,在三年多的时间里,抖音短视频内容发布量 154 条,博物馆粉丝数量 6438 人。在抖音短视频平台上,点赞、评论、收藏、转发是四大必备功能,北京艺术博物馆抖音短视频内容发布按照这四个功能统计数量,见表 1。

表 1　北京艺术博物馆抖音短视频内容情况统计表

数量 \ 内容类别	线上展览	北岸讲坛	文物介绍（讲解）	美景(花卉、馆猫)分享	古建修缮（保护）技艺	举办活动	艺博微课堂	馆务	其他	合计
内容发布量	20	28	2	19	18	13	15	14	25	154
点赞	9469	1003	112	508	17013	279	594	125	555	29658
评论	367	54	11	103	684	33	12	16	45	1325
转发	51	113	19	56	568	82	76	18	67	1050
收藏	19	64	9	15	567	49	20			743

北京艺术博物馆抖音短视频内容生产有两个系列:"艺博微课堂"与"北岸讲坛";其他内容则为不定期更新。内容统计中以"古建修缮(保护)技艺"最受欢迎,点赞数量、评论数量、转发数量及收藏数量均名列第一。系列内容中以"北岸讲坛"较受喜爱。

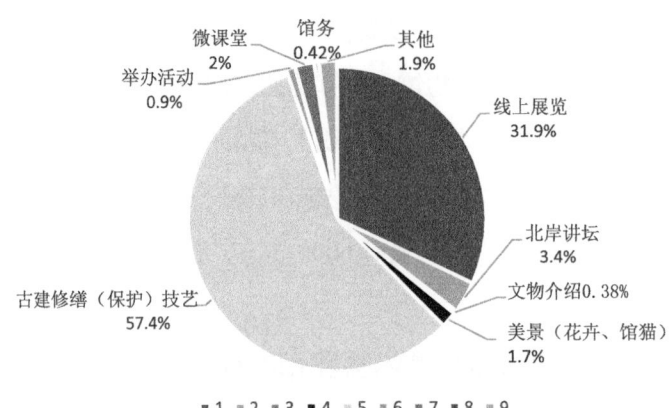

图1 北京艺术博物馆抖音短视频内容获赞量比例图

在抖音平台中，如果作品被点赞得多，则能引起粉丝、观众的注意，或者得到官方推荐。在北京艺术博物馆抖音短视频内容生产中，获赞量比例高的依次为"古建修缮（保护）技艺""线上展览""北岸讲坛"。（图1）

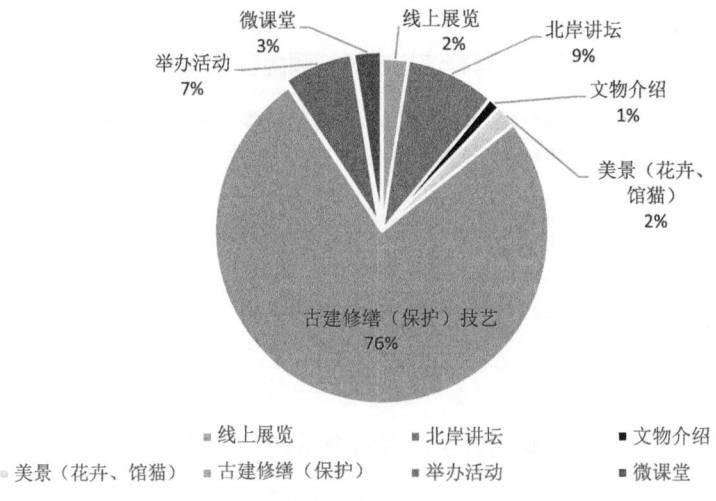

图2 北京博物馆抖音短视频内容收藏量比例图

收藏指的是观众把有价值的作品收藏起来，以便查阅。能被收藏说明视频得到了观众的认可。北京艺术博物馆抖音短视频中最受认可的内容依次为"古建修缮（保护）技艺""北岸讲坛""举办活动"。（图2）

主题一：博物馆数字化与人工智能

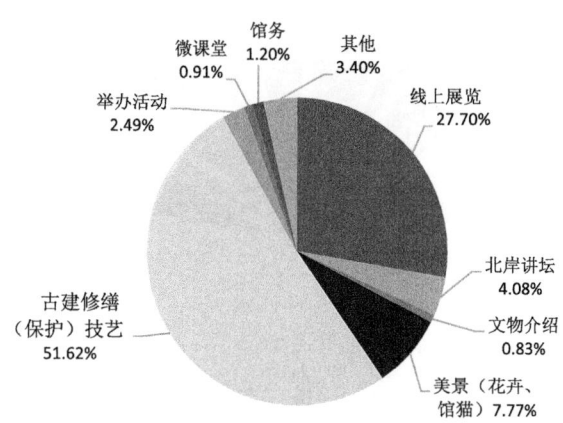

图3　北京艺术博物馆抖音短视频内容评论量比例图

抖音评论是博物馆与观众之间的交流区域，能反映出观众的兴趣点、想法以及需求。如"万寿寺观音像抢险检测勘察与预防性保护"的短视频，此条视频点赞量6800次，评论363次。评论中，观众除了表示要为后人多留些文化遗产外，还有的担心过度保护反而损害文物（图4）。说明观众对于文物保护十分关心，但缺乏相关知识，这条视频由专家介绍观测观音像的方法以及使用的科学仪器，来解答观众心中的疑惑与担忧。北京艺术博物馆抖音短视频内容生产中，被评论最多的依次为"古建修缮（保护）技艺""线上展览""美景（花卉、馆猫）分享"。（图3）

图4　"万寿寺观音像抢险检测勘察与预防性保护"短视频评论

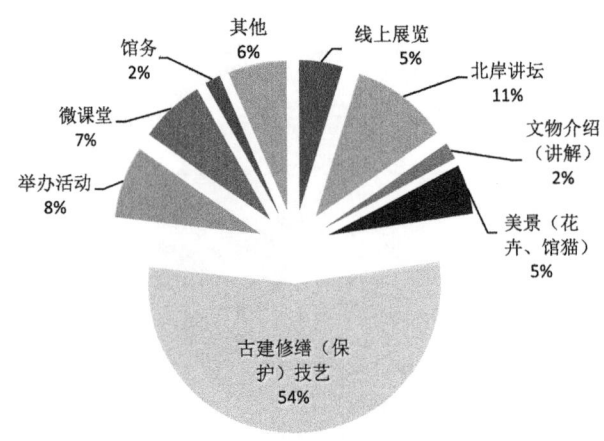

图 5　北京艺术博物馆抖音短视频内容转发量比例图

短视频被转发，是观众对博物馆短视频的认可，转发后也会增加短视频的曝光量，会得到更多人的观看，甚至关注北京艺术博物馆的抖音账号。"古建修缮（保护）技艺"转发量比例依然排名第一。（图 5）其很大原因在日常古建修缮时，多挂"施工重地，闲人免进"的警示牌，古建修缮过程和工艺对于公众来说非常陌生，但公众对于古建筑又很感兴趣，因此这部分内容十分具有吸引力。

3. 北京艺术博物馆抖音短视频内容生产面临的困难

3.1　内容生产发布频次不规律，互动少

抖音短视频的优势在于篇幅短小、编辑便捷、及时分享，但是北京艺术博物馆抖音短视频各栏目内容策划、制作发布频率不固定。有时一周能发 2—3 条，有时又间隔一周甚至一个月才发布。如在 2020 年 5 月 18 日发布了"线上展览"后，6 月 13 日才发布"文物介绍（讲解）"内容，间隔了近一个月。再如 2022 年 10 月 14 日连发 2 条内容，尽管有一条为最受欢迎的"古建修缮（保护）技艺"，当日获赞量也仅 67 个。由于发布频率不固定，导致粉丝活跃度比较低。

图 6　北京艺术博物馆与观众互动

另外，抖音平台除了"人人都是传播者"，分享个人美好生活外，这里还是社交的平台，在短视频的评论区，能够让内容生产者与观众及时互动、交流。由于北京艺术博物馆抖音短视频发布频率不规律，粉丝活跃度低，互动也就少了。如图6，北京艺术博物馆与观众交流的话题比较简单，影响了对短视频粉丝的黏合度。

3.2 系列内容产出较少，视频时长需控制

北京艺术博物馆抖音系列视频仅有"北岸讲坛"和"艺博微课堂"。其中"北岸讲坛"的文化讲座时长普遍为12—15分钟，有些讲座则要分为两期呈现，从观众点赞量来看，往往第二期视频点赞量少。原因在于抖音用户以年轻人居多，他们关注的是"短平快"且富有创意性的短视频，以快节奏、碎片化为主，长视频显然不适应年轻用户群体的快节奏。有数据表明，抖音用户群体中占比最多的青年人，观看视频的时间反而是最短的。博物馆虽然也在转变传播观念，利用互联网传播、分享知识，但仍需加深了解平台受众群体以及受众在平台中的学习偏好。

4. 以"六何分析法"研究北京艺术博物馆抖音短视频内容生产策略

"六何分析法"又称"5W1H"分析法，既是一种传播模式，也是一种思考方法。"5W1H"包括：何因（Why）、何事（What）、何地（Where）、何时（When）、何人（Who）、何法（How），通过六个方面进行结构性思考，帮助像北京艺术博物馆这类中小型博物馆提高短视频传播效率，增强社会影响力。

其中，何因（Why）就是目的，指的是博物馆为践行提高公众科学素养、文化素养的重要社会职责，扩大传播效能而制作科普短视频。

何地（Where）就是博物馆网络传播，打破博物馆传统科普教育的时空壁垒，以动态的形式，帮助公众在任何地点都可以在"博物馆"中学习。

4.1 何事（What）：博物馆短视频话题选择

我国现代博物馆事业发展肩负着传承中华优秀传统文化、实现中华民族伟大复兴的重要社会职责。博物馆要想成为一个地区、一座城市人们的精神文化殿堂，就要广

泛地融入人们的生活，阐释城市文化，传播城市精神。正所谓"以家为家，以乡为乡，以国为国，以天下为天下"。故宫博物院官方抖音账号推出的"故宫零废弃"系列短视频，结合文物介绍"节约""环保"理念，不仅让文物"讲"故事，还让文物"融"入了公众的生活，"活"到了人们的心里。

当然，博物馆也可以关注时下流行的话题，以便与公众产生共鸣，有利于博物馆传播。比如西安大唐不夜城"盛唐密盒"中的两位主演"房谋杜断"妙语连珠，与游客的互动更是连连"爆梗"，成为十分受欢迎的"网红"。于是西安碑林博物馆联动了其中的"房玄龄"，用30秒的时间介绍了世界"四大名碑"之一的大秦景教流行中国碑。通过热门话题吸引公众关注，用简洁明了的语言介绍国宝，达到了很好的传播效果。

北京艺术博物馆关注到旅游打卡和萌宠是抖音平台的热门话题，于是结合博物馆内的古建风景以及馆宠猫咪，发布的相关短视频受到了观众的欢迎，评论区观众之间的互动也十分热闹。这也说明融入了生活的博物馆短视频，是能够得到观众认可的。（图7）

图7 博物馆话题"融"入生活

4.2 何人（Who）：博物馆在短视频平台上的目标观众

博物馆要做好在抖音平台上的目标观众研究，不同群体的文化消费需求是不同的。

博物馆利用短视频传播文化知识，就要撕下原本的严肃、刻板、无聊的标签，在语言方面要体现出趣味性，并联系日常生活，或者让文物以拟人形象出镜，赋予文物活泼可爱的形象和能说会道的人格色彩，给予公众愉悦的体验，进一步拉近博物馆与公众的心理距离，给博物馆中的文物注入鲜活的、具有时代气息的生命力。

根据统计，20—30岁的年轻人是抖音平台的主力军，博物馆短视频使用的语言以通俗易懂、风趣幽默、生动活泼为宜，甚至使用网络流行语，让年轻观众产生亲切感，拉近距离，进而激发他们在抖音平台上的参与度。北京艺术博物馆的短视频语言仍然照搬了传统风格，忽视了年轻人的表达习惯。

4.3 何时（When）：短视频发布的时机

博物馆短视频发布可以结合某些节日、热门话题适时发布，达到事半功倍的传播效果。故宫博物院又为中小型博物馆做出了表率。近年来，北京市倡导垃圾分类并向全社会展开宣传，"故宫零废弃"系列短视频（图8），就创意性地把相关主题的文物与人们的生活联系起来，既宣传了博物馆知识，又引导了公众的环保行为，共创"绿色北京"，进一步提升了科普短视频的社会意义。

图8 故宫博物院官方抖音账号"故宫零废弃"系列短视频

4.4 何法（How）：中小型博物馆短视频内容生产策略

中小型博物馆数量占全国博物馆数量的 55%，其场馆规模、藏品数量及质量、人力资源、资金资源等与国家级、省级博物馆相比差距较大。短视频传播及制作的相关人才也是相形见绌。因此，中小型博物馆短视频内容生产需要一定策略。

首先，要充分利用博物馆专业人才资源。内容生产不能脱离博物馆自身的藏品特色和研究成果。博物馆知识应具备的学术性、权威性来自博物馆的相关研究人员，如策展人、研究员、科普教育专员、设计人员、安保人员等。在适合科普视频传播形式的基础上，请专家把控内容的准确性。

其次，提高跨部门合作的协调能力。科普视频宣传并非为所有博物馆专家所擅长，因此进行内容生产时，应与相关部门的专家沟通方案，包括表现形式、语言表述方式、配乐、人员的体态与手势、着装等方面。

最后，提高自身审美能力，也就是艺术鉴赏力，包括艺术感受力、判断力、想象力以及创造力等。这些能力在相关学习、训练和实践的基础上得以提高，尽管有着鲜明的个性化，但也尽显了时代性和民族性。像"中国军工"配乐"给他一电炮"，"中国航天科工"配乐"向云端……"，其他还有"恐龙抗狼"等，让这些原本严肃的官方账号又收获一众粉丝，还得到主流媒体的好评。

总之，中小型博物馆资源虽然有限，但仍是我国历史的记录者和收藏者，承担着分享和传播知识的社会责任。策略性地扬长避短，利用短视频形式分享文化知识，让公众感受文物的厚重与温度，激发他们对博物馆的兴趣，进而理解并热爱中华优秀传统文化，筑牢中国式现代化的文化根基。

参考文献

[1][美]妮娜·西蒙:《参与式博物馆:迈入博物馆2.0时代》，喻翔译，浙江大学出版社2018年版。

[2][英]杰克·洛曼、[澳]凯瑟琳·古德诺主编:《博物馆设计:故事、语调及其他》，吴蘅译，复旦大学出版社2018年版。

[3] 吕白:《人人都能做出爆款短视频》,机械工业出版社 2020 年版。

[4] 北京市文物局: http://wwj.beijing.gov.cn/

[5] 抖音微博: https://www.weibo.com/douyinmv?sudaref=www.baidu.com

博物馆影像数据云上备份系统的建设
——以故宫博物院为例

崔振铎[*]

摘要：当今时代，博物馆的数字化建设正在迅速发展，影像数据正是博物馆数字化建设的重要资料和基础，所以对于影像数据的保护，建设影像数据的备份系统，在博物馆的数字化进程中是非常重要的一环。确保当博物馆的数据中心发生损害或意外时，仍然能保障影像数据的安全，并且能及时地恢复数据，推动博物馆数字化的发展进程。

关键词：博物馆数字化；影像数据；备份系统

随着博物馆数字化进程的不断推进，影像数据的重要性也在不断提升，影像数据不仅是文物的数字化保存，而且对以后制作三维模型、线上导览、线上文物库，甚至VR、AR的制作都有非常重要的意义，所以影像数据的安全就是博物馆在数字化进程中的一个重要保障。备份是为了应对灾难恢复、归档和可操作备份，以及因存储设备

---

[*] 崔振铎，故宫博物院，北京，100010。

出现物理损坏、软件故障或遭病毒攻击而造成数据丢失。数据备份也可用于删除或有意的数据破坏而导致的数据丢失。备份应考虑留存周期、备份策略及恢复等[1]。

1. 基于云端的博物馆影像数据备份系统的设计

1.1 云端备份的优势

云端备份服务的优势在于价格便宜。只需根据空间使用量付费，不需要购买配置硬件设备，节省了人力成本和硬件费用。在使用云端备份后，可以依靠第三方云提供商的扩展能力，而不用担心可扩展性问题。这种边使用边付费的模式减少了硬件设备的采购和实施带来的烦恼。这种方式使得我们能够预测并管理存储容量增长和运营费用。云端备份的好处在于能够在任何地方存取云端资料。它内建了容灾恢复机制，也不需要担心硬件维护，比如处理数据重复、增加额外存储等。[2] 避免了本地机房因设备故障、人为误操作或有意破坏、断电断网等造成的数据丢失。

1.2 云端备份系统的数据流向

出于安全考虑，故宫博物院的网络分为局域内网和局域外网，并且局域内网和局域外网使用物理隔离的方式，所以数据只能由内网至外网单向传输。存储设备位于局域内网，并有防火墙作为防护，数据通过防火墙传递到内网服务器，内网服务器通过网闸把数据传输至局域外网服务器，再由外网服务器传输至云端。局域内网服务器和局域外网服务器主要进行数据摆渡，以下称为内网摆渡机和外网摆渡机。数据流向如图1所示。

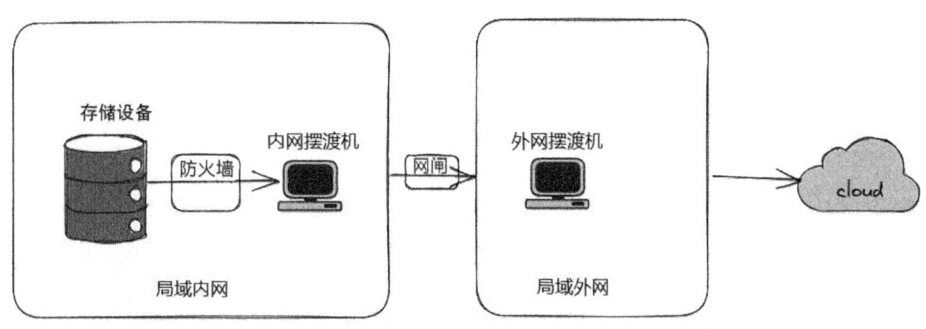

图1　数据流向示意图

1.3 影像数据信息接口的设计

数据接口是为了读取影像数据在存储设备中的位置，如果是在几百个 TB 容量的存储设备中遍历数据，会造成非常大的性能和时间上的浪费，所以为了避免遍历，还能读取影像数据信息，就需要有数据接口。

数据接口的设计目的是在影像数据加工后上传至存储设备时，记录上传的文件名、文件类型、上传日期以及存储路径等信息。程序可以向数据接口发送特定的日期参数，数据接口会返回当天上传至存储设备的文件名和路径等信息的汇总。

1.4 备份系统的设计

备份系统以日期为参数，通过数据接口依次获取每一天的影像数据信息，并依次把影像数据进行加密、压缩，通过内网摆渡机同步至外网摆渡机，再通过外网摆渡机最终同步到公有云存储中。

1.4.1 通过接口获取数据信息

备份程序以具体日期为参数获取某一天影像数据的具体信息，包括当天的数据量、文件名、文件路径、文件类型以及上传日期等信息。

1.4.2 影像数据的压缩和传输

程序根据接口返回的结果，从存储设备中下载相应的影像数据文件至内网摆渡机内，在内网摆渡机中把每个文件依次压缩、加密，再传输至外网摆渡机，并对传输的文件进行详细的记录。选择单个文件加密、压缩，而不选择多个文件打包压缩，是为了减少内网摆渡机硬盘的占用，因为网闸的处理能力和传输速率有限，为了避免下载文件且压缩的速度大于网闸传输速度，从而造成硬盘写满，单文件压缩传输到外网摆渡机后可以直接删除压缩文件，避免写满的情况，同时，单文件加密、压缩传输方便后期进行单文件找回的操作。

1.4.3 多线程操作

单文件压缩传输避免硬盘写满且方便找回，但是单线程压缩再传输的效率极低，尤其是文件数量极多的情况下，而开启多个线程可以在保留单文件操作优势的同时增加压缩和传输的效率。但是，多线程操作需要控制线程数，过多的线程依然会造成内网摆渡机硬盘写满。线程数量可以通过服务器性能和网闸的传输速度来判定，在避免硬盘写满的情况下开启最大的线程数量。

1.4.4 文件断点续传

一般 Linux 服务器间传输文件使用 scp 命令传输，但是如果出现网络问题，就可能会出现传输中断的情况，尤其是传输中还要经过防火墙和网闸等多个设备的时候，风险点会更多。使用 rsync 命令，可以镜像地保存整个目录树和文件系统，并且可以实现断点续传，避免传输大文件中断后重新传输造成的时间浪费。

1.4.5 传输文件至云端

外网摆渡机接收文件，验证完整性，并上传至云存储。

1.4.6 数据找回

根据文件在存储设备中的路径和文件名，以此作为参数，发起找回申请。出于安全考虑，所有操作只能由内网单向发起，所以找回流程应为：内网摆渡机把名称和路径作为参数，发送请求至外网摆渡机，外网摆渡机发起请求向云存储取回相应影像数据，此时找回的数据存储在外网摆渡机，由于需要单向操作，所以外网摆渡机不能把数据主动传回内网摆渡机，只能在内网摆渡机发起找回请求后，等待一段时间，再主动发起下载找回数据的请求。

2. 基于云端的博物馆影像数据备份系统的实现

2.1 内网摆渡机挂载存储

存储的位置位于内网的防火墙后，首先要在防火墙上开放端口，以 NFS 的方式把存储挂载到内网摆渡机。

2.2 网闸开放端口并设置单向传输

确定好内网摆渡机和外网摆渡机要使用的端口后，在网闸上开放相应端口，并设定好传输方向。

2.3 从存储中获取数据并传输至外网摆渡机

内网摆渡机向数据接口服务器以日期为参数发送请求，如使用 curl 命令模拟程序发送 post 请求如下：

curl -i -X POST -H'Content-type'：'application/json'-d'{"startDate"："20190706"，"endDate"："20190706"}' http://172.20.100.105:8080/smarttool/incrementalByDate

获取影像数据文件在存储中的信息，结果如下：

{

  "total"：3,

  "status"："success"，

  "data"：[{

    "date"：null,

    "userName"：null,

    "ip"：null,

    "accessName"：null,

    "id"："70492cef-c621-4db5-a23d-8688d6f5805a"，

    "fileaddr"："/20155/65197409/5513492/1.0"，

    "title"："s1562381807165.png"，

    "extension"："png"，

    "createDate"：1562381807165,

    "startDate"：null,

    "endDate"：null

  }, {

    "date"：null,

    "userName"：null,

    "ip"：null,

    "accessName"：null,

    "id"："5ebfa695-0641-4225-86d1-6705cb648d4c"，

    "fileaddr"："/20155/65197409/5513490/1.0"，

    "title"："s1562380610042.png"，

    "extension"："png"，

```
            "createDate": 1562380610042,
            "startDate": null,
            "endDate": null
    }, {
            "date": null,
            "userName": null,
            "ip": null,
            "accessName": null,
            "id": "eac1ef9b-cf49-4c4f-aa55-1c1e1b7b3900",
            "fileaddr": "/20155/65197409/5513491/1.0",
            "title": "s1562381141602.png",
            "extension": "png",
            "createDate": 1562381141603,
            "startDate": null,
            "endDate": null
    }],
    "date": null
}
```

通过接口返回的信息，用 cp 命令，把相应的影像数据文件从存储中复制到内网摆渡机，把复制过来的文件使用 tar 命令进行打包压缩，tar 命令可以将多个文件或目录打包在一起，可通过调用 gzip 实现压缩、解压命令，tar 命令不仅可以对多个文件进行打包，还可以对多个文件进行压缩，本文使用 tar 命令的方式如下：

tar -Pzcf - /temp//20155/83313133/5776758/1.tiff

z 表示使用 gzip 压缩程序来压缩归档文件。

c 创建一个新归档，备份一个目录或一些文件时选择。

f 指定档案文件名或设备名，通常情况必选。

P 参数表示保留原文件或目录的绝对路径，即打包时将包含完整路径，解压时也会还原完整路径。

打包压缩完成后，用 rsync 命令将压缩文件传输至外网摆渡机，并在内网摆渡机的数据库中记录同步的文件信息，包括文件路径、压缩前的文件大小、压缩后的文件大小、压缩后的文件名、同步完成时间等信息。数据同步过程中要实现断点续传，rsync 命令实现断点续传要添加 --partial 参数，该参数的作用是在传输时发生中断的情况下，保留没有传输完成的文件，以加快随后的再次传输。添加 --append-verify 参数，对文件传输的完整性进行校验，如果检验到传输失败会重新传输。添加 --remove-source-files 参数，删除发送方传输完成的文件，以及时释放硬盘空间。添加 --password-file 参数，增加传输的安全性。添加 --port 参数，限制同步文件只能使用网闸开放的端口。此外，还添加了 -avzP 几个参数，-a 表示归档模式，以递归的方式传输文件，并且保持文件属性；-v 表示详细输出模式，显示传输细节情况；-z 表示对传输的数据进行压缩传输；-P 显示文件传输的进度信息。完整的命令为：

rsync -avzP --port=网闸开放端口 --append-verify --partial --remove-source-files --password-file= 密码路径 发送方文件位置 用户名 @xxx.xxx.xxx.xxx:: 接收方文件位置

2.4 传输影像数据文件至云端

外网摆渡机接收到内网摆渡机传输的文件后，验证文件完整性，并传输文件到云存储。从外网摆渡机上传文件至云存储桶，使用 s3cmd。Amazon s3 是一种对象存储服务，使用唯一性键值来存储任意数量的对象，s3cmd 是一个免费命令行工具和客户端，用于在使用 S3 协议的云存储服务提供商中上传、下载、检索和管理数据。使用 s3cmd 把文件上传至云存储桶命令如下：

s3cmd --storage-class=GLACIER put /home/user/downloads/example.tif s3://my-bucket/data/example.tif

s3cmd：命令行工具的名称。

--storage-class=GLACIER：指定数据存储类型为 GLACIER（一种低成本、长期储存的存储类型）。

put：将本地文件上传到 S3 服务。

/home/user/downloads/example.tif：本地文件的路径和文件名。

s3://my-bucket/data/example.tif：S3 服务中的目标路径和文件名。这里的 my-bucket

是 S3 服务的存储桶名称，example.tif 是 S3 服务中的文件名。

2.5 发起找回任务

内网摆渡机以要找回文件的名称和文件在存储中的路径为参数，向外网摆渡机发送 post 请求，外网摆渡机接收参数，以此参数，使用 s3cmd 从云存储桶中下载对应的文件，命令示例如下：

s3cmd get s3://my-bucket/data/example.txt /home/user/downloads/example.txt

因为外网不能主动向内网发送数据，所以需要内网摆渡机在等待一段时间后，再次使用 rsyns 命令从外网摆渡机中下载找回的文件，完整的命令为：

rsync -avz --port= 网闸开放端口 --append-verify --partial --remove-source-files --password-file= 密码存放位置　外网摆渡机用户名 @xxx.xxx.xxx.xxx:: 找回文件路径 内网摆渡机存放找回文件地址

内网摆渡机的等待时间根据系统响应速度、网闸传输效率以及网速等多方面因素综合考虑，本文设计的系统采用的等待找回时间为 30 分钟。找回的文件需要进行解压，使用 tar 命令进行解压：

tar -zxvf xx.tar.gz

z: 表示使用 gz 格式进行解压缩。

x: 表示解压缩操作。

v: 表示在解压缩过程中显示文件的详细信息。

f: 表示要解压缩的文件名。

解压完成后，得到原始影像数据文件可下载使用。

3. 结语

影像数据备份系统是博物馆数字化的重要组成部分，为博物馆的影像资源提供防护和安全保障。本文以故宫博物院为例，介绍了一种影像数据备份系统设计与实现的方法，该系统采用了云存储技术，实现了影像数据的全量和增量备份，可以有效地保护影像数据的安全。

在影像数据备份系统的设计和实现过程中，充分考虑了影像数据的数据量大、文件数量多、文件增长速度快等特点，结合博物馆自身网络架构，采用多种技术手段来提高备份系统的性能和稳定性，保障博物馆影像数据的安全。

参考文献

[1]王萌:《浅谈大型综合性博物馆的存储与备份系统建设》，载北京市科学技术协会信息中心、北京数字科普协会合编《创意科技助力数字博物馆》，中国传媒大学出版社2012年版，第105—108页。

[2]查琦:《浅谈博物馆信息化过程中的存储备份策略》，《信息通信》2014年第8期。

奥运藏品专项征集的数字化利用实践

赵 媛[*]

摘要：2022年北京冬奥会是中国在重要历史节点举办的重大标志性活动，是继2008年北京奥运会后的又一重大国际性体育赛事，让北京这座古老而年轻的城市以"双奥之城"载入奥林匹克运动的史册。北京奥运博物馆作为北京地区唯一的奥运博物馆，在新时代我们的藏品征集工作与时俱进，开展奥运藏品全球征集活动，深入北京冬奥组委内部进行专项征集，加强藏品征集的数字化利用实践和可及性创新，摸索总结新方法、新手段，收集利用北京冬奥会重大成就的实物、图片、视频等，进一步提升藏品质量，挖掘奥运故事，阐释冬奥精神，传承"双奥"遗产。

关键词：数字化；藏品征集；当代物证；数字保管

北京奥运博物馆是随着北京"双奥之城"成长起来的博物馆，是两届奥运会的见证者和参与者。建设具有双奥特质的北京奥运博物馆（以下简称"奥博"）是北京市

---

[*] 赵媛，北京奥运博物馆，北京，102008。

"十四五"规划当中的一项重要任务。为了升级改造并丰富藏品体系，及时留存奥运集体记忆，奥博于2021年11月28日启动为期一年的以"共享奥运记忆　见证'双奥'荣光"为主题的奥运藏品全球征集活动，持续对奥运藏品进行大力度征藏。笔者从保管部以借调的方式参与到奥运藏品全球征集小组，负责北京冬奥组委专项征集工作。

1. 奥运物证定义

当代物证，即用以证明中华人民共和国自1949年成立以来，涵盖社会主义革命、建设和改革开放各个时期的相关历史、事件和人物等的实物证据[1]。

奥运相关物资在被正式认定为文物前以奥运物证称谓。自成立以来，奥博征集到的奥运物证绝大部分以当代物证为主，即1949年中华人民共和国成立以来的物证。奥运类当代物证是当代物证的重要组成部分，包括实物、图片、音像、口述史等多种资料。

2. 用奥运物证记录奥运记忆

北京这座城市是世界上唯一一座"双奥之城"，北京见证了中国两次圆满举办奥运会。在这些集体记忆中，从五福娃到"冰墩墩"，从"北京欢迎你"到"构建人类命运共同体"，从"金牌第一"到享受比赛。这些集体记忆具有共享性，强调参与者从自身视角出发对事物的认知而融合形成的记忆。所以，有关"双奥"的集体记忆，代表这些重大事件的物证也必须纳入奥博征集工作中来。

2.1　奥运物证征集历史

2009年，奥博成立之初从北京奥组委接收大量奥运物证，这些物证是奥博成立的根基，其中不乏比较珍贵的文物，如"紫檀国门"等；2010—2014年，奥博多次开展奥运物证征集活动，主要面向社会长期征集；2015年北京申办冬奥会成功后，奥博开始征集冬奥相关物证；2018年，为纪念北京奥运会成功举办十周年，开展了"2018年全球奥运藏品征集活动"。奥博通过多次征集活动，广泛收集与奥运相关的具有珍藏意义的物证，特别是见证中国百年奥运历程，2008年北京奥运会及残奥会申办、筹办和举办以及2022年北京冬奥会及冬残奥会申办和筹办的各类奥运实物、图片、文献材料、音像视频、电子文件等。奥博通过一系列奥运物证征集，形成现有奥运物证8万余件（套）。

2.2 奥运藏品全球征集活动

在举办2022年北京冬奥会前夕，按照北京市委、市政府要求和部署，努力打造彰显"双奥之城"特质、奥运特色鲜明、功能配套完备的高水平博物馆，奥博于2021年11月启动了以"共享奥运记忆 见证'双奥'荣光"为主题的奥运藏品全球征集活动，时间为期一年。此次征集活动除面向社会征集外，还要深入北京冬奥组委开展专项征集。这次征集活动既是迎接和助力北京冬奥会的重要举措，也是更好地记录奥运历史、传播奥运文化、弘扬奥运精神、传承北京"双奥"遗产的实际行动，让广大人民群众共享北京"双奥"成果。

这次征集活动中的专项征集是重点工作，一是时间紧任务重，北京冬奥会结束后，北京冬奥组委面临各部门人员按时间节点离职及北京冬奥组委解散状况，迫在眉睫，奥博果断成立北京冬奥组委专项征集小组；二是疫情因素，2022年北京冬奥会的比赛期间采用闭环管理模式，奥博征集工作无法在赛时深入北京冬奥组委、奥运村现场征集；三是既要"瞻前"又要"顾后"，由于2009年奥博才成立，前期与北京奥组委没有建立沟通机制，后期在北京奥组委解散前突击接收奥运物证。本次征集活动要吸取接收北京奥组委奥运物证的教训，杜绝之前出现的很多物证虽然接收了，但无法深入挖掘物证背后的故事的情况。

3. 专项征集数字化工作梳理

"工欲善其事，必先利其器"，专项征集小组在征集之初就需要考虑到北京冬奥组委需要征集什么，北京冬奥组委有什么奥运物证，什么样的物证能保留下来，哪些是重要的必须征集到的物证，征集的范围和标准是什么。这些相关工作设想要建立在科学、真实、完整的基础上，有计划、有步骤地完成。

3.1 确定征集数字化内容

内容包括：(1) 奥运物证基本情况：名称、尺寸、重量、数量、材质、完残情况、备注；(2) 奥运物证持有人（持有部门）相关材料；(3) 与奥运物证相关的事件、人物有关的文件、影音资料；(4) 部长口述史访谈；(5) 实物物证拍照；(6) 电子物证拷贝。

3.2 寻找相关征集数字化线索

进入专项征集工作小组后，前几个月寻找到的奥运物证的线索是极其有限的，因为受疫情的影响，当时北京冬奥组委工作人员已准备进入闭环管理，没有时间和精力与征集小组联络沟通，征集小组只能通过媒介新闻、电视报道获取讯息，制定线索表；在赛时阶段，征集小组实时关注冬奥会比赛，开展"冬奥会赛时数据采集分析"，通过采集比赛时间、比赛项目、主要人物、主要事件（比赛结果、精彩瞬间、典型人物背景资料）、场馆设施特点（设计理念、建设历史沿革、科技创新技术）、名称（实物 S/ 图片 T/ 视频 V/ 音频 A）、图片等线索来进行征集，把赛时线索、新闻报道线索、社会征集线索汇聚起来，参考 2008 年北京奥运会征集线索，最终制定了《北京冬奥会藏品征集线索登记表》，明确了征集范围。

3.3 创新设立数字化自助藏品征集柜

因闭环管理的原因，奥博征集工作小组无法深入北京城区、延庆、张家口三个冬奥村（冬残奥村），我们特意定制了自助征集柜，原理如同丰巢快递柜。在 2022 年北京冬奥会和冬残奥会期间，放置在三个冬奥村（冬残奥村），可以为奥运村村民提供 24 小时自助征集服务，这项措施符合北京冬奥组委疫情管理要求，避免与外人接触，征集柜受到了各界人士的欢迎。不少运动员、教练、志愿者、奥运村工作人员、媒体记者，通过征集柜踊跃向奥博捐赠奥运物证，其中包括《印象·张家口》图册、科索沃旗帜、2022 年北京冬奥会和冬残奥会官方会刊、2022 年北京冬残奥会官方英文会刊、医用防护口罩、2022 年北京冬奥会短道速滑男子 500 米冠军刘少昂签名照、冬残奥村服务保障人员工作服式隔离服等 50 余件。

3.4 开展口述史数字化征集

北京冬奥会的成功举办，北京冬奥组委工作人员付出了艰苦的努力，克服各种困难，出色地完成了 3100 项工作任务。这些工作人员拥有申办、筹办、举办北京冬奥会的记忆和经验，尤其是 28 个部门部长近半数人有参与举办 2008 年北京奥运会的经历，他们的奥运经历都是"双奥之城"历史叙事鲜活而生动的组成部分，将为社会留下珍贵的记忆和宝贵的遗产。北京冬奥会结束不久，大家留存的奥运记忆清晰、完整、感情丰富，这时开展北京冬奥会部长口述史是最佳时机，在这个过程中把过去几年的点点滴滴工作进行再梳理和盘点总结。根据前期我们跟各部门的沟通情况准备大纲，每位口述者采访 1—3 小时，现访谈正在开展中，已积累超过 400 小时的录音资料和数万字的口述史逐字文稿。

4. 发现的数字化相关问题

在北京冬奥组委专项征集工作中，每个人虽然负责部门不同，但我们仍能以管窥豹，发现一些共同的问题。

4.1 电子化的当代物证比例增多

2022 年北京冬奥组委秉承安全、简约、精彩办赛事的原则，也体现在其内部工作中。各部门电子化奥运物证很多，内容也很丰富，远远多于实物物证。比如原北京奥组委出版了大量培训教材、工作手册、方针指南、会议汇报等，这些是了解奥组委运行的重要工具，这次北京冬奥组委大部分教材都以电子化形式呈现，很多信息以文字、动画、音频、视频等形式呈现。比如从新闻宣传部一个部门拷取相关电子化资料近百个 GB，实物物证相对缺乏，不足百件。

与其他物证相比较，电子物证保管难。另外，在征集过程中，某些电子物证制作过程长，征集到的同一文件可能存在不同的版本，且版本较多。在征集时，除最终版本外，也应该征集重要过程或部分改进过程的版本。此外，电子物证后续的保管存在巨大挑战。

4.2 当代物证处于快速消失的阶段

我们经历的是一个剧烈变革和发展的时代，在这个时代，有很多记忆深处的物证已经消失或正在消失，这种趋势是不可逆转的。

北京冬奥会结束后，北京冬奥组委陆续开展收尾工作，征集小组刚到北京城区冬奥村走访时，就发现已有工人正在拆除冬奥村展示间，还有一些物证如签名条幅、徽章等被工作人员、志愿者取走留作纪念。

很多物证都是重大事件的阶段性使用品，容易被忽略，更容易被改造甚至销毁。这类物证的征集更需要征集人员的全局观，从征集、保管、展陈、研究等各个方面通盘考虑，开展抢救性征集。由物证征集的变化带来保管观念的提升。

4.3 当代物证征藏意识的缺乏

奥运物证征藏意识缺乏也是造成物证快速消失的原因。我们与各部门工作人员沟通时，发现很多工作人员没有收集保存的意识，认为物证就是火炬、奖牌、吉祥物，其他物证使用完已没有价值。只停留在对功能的认识上，对其时代价值缺乏了解，需要征集小组的引导。比如在场馆管理部，我们发现部门在赛时制作了"山"型倒计时电子牌，工作人员认为北京冬奥会已结束，倒计时牌归零无意义，准备要扔掉，但对于我们来说，这件奥运物证造型优美，"北京2022"字样位置明显，放在博物馆里可以展现赛时冬奥氛围，充分发挥其历史价值、展示价值。

4.4 "收垃圾"式被动征集

北京冬奥组委库房存有大量奥运物证，这些物证数量十分庞大，比如大量空白注册卡片、大量废票、简易宣传易拉宝等，很多物证都是"食之无味，弃之可惜"，最后只能全部接收，"收垃圾"式才能保证征集工作顺利开展和全部征集，不留死角。

但是"收垃圾"式的征集，会导致分类难，保管难。在以前的征集结束后，库房堆满大量的物证，这些物证需要消耗大量人力进行盘点、分类、登记、上架，但有些物证并没有太多价值，所以，从保管藏品角度来看，如何指导和改善"收垃圾"式的征集，避免仓库囤积大量无价值的物证，这是笔者作为保管人员参与本次征集最大的意义。

笔者从保管部以借调方式参与此次征集活动，从 2022 年 3 月底至 2022 年 12 月入驻位于首钢园的北京冬奥组委深入其 28 个部门、51 个业务领域开展征集，切实把冬奥实物藏品的情况摸准、弄清、做实，依据翔实可靠的征集线索，助力征集团队把应该收的、想要收的实物藏品都收回来，丰富奥运藏品类别。

作为保管部唯一的参与者，在征集的过程中，笔者对征集工作有了全面的认识，在征集的同时也要考虑后续保管的问题，比如库房存放、物证分类、鉴选定级等。在征集完成入库后，根据移交清单内容，保管部也建立了相关物证电子台账。

5. 可及性创新思考

5.1 征集工作必须有前瞻性

这次征集采用先征集，积累到一定程度后，再逐步推进相关的认定和定级工作的模式进行，这就需要征集工作必须有前瞻性。征集人员必须有抓住重点的洞察力和为未来讲故事的眼光，当物证转化为藏品后，要能发挥展览、教育、研究的作用。博物馆需要在征集前确定本馆总体征集目标，再根据定位在本区域内进行摸底和调查，制订本馆专项征集计划，确立征集线索，明确哪些是即将消失而必须立即进行抢救性征集的，哪些是未来几年应该征集到的，哪些是为配合专题展览临时征集的。[1]加强对当代物证的正确认知，尤其是征集范畴、价值判断的正确认定，是准确把握当代文物价值的基础。

5.2 征集工作必须要一体化征集

征集的物证要全面，尽量保证征集到所有的相关联物品、资料、口述录音录像，也要考虑到物证的包装完整，便于后续的入库保管。关注物证，更要重点挖掘物证背后的故事，要加强对物、人、人与物之间关系的研究，如果仅仅只有物证，没有对事件、对人的研究，整个征集就是不完整的，是薄弱的。在这次专项征集活动中，我们入驻北京冬奥组委办公，深入 51 个业务领域，与 28 个部门深入访谈，做好调查，密切联系，这样才能做到有的放矢。征集小组掌握了很多从来没有对外公开的资料，有些物证看似普通，其实蕴含了很多感人的故事，通过梳理这些物证及其背后的故事，更能体现冬奥精神。如果离开了对这些物证背后故事的一体化征集，这些物证在公众眼中就是普通的物品，失去了意义，更成不了藏品。

5.3 征集工作必须注重数字系统化

系统化是指征藏工作应是一个完整系统的工作，包括从前期的征藏方案制定，到公众宣传活动，再到之后的具体征藏工作以及其后的展览、教育推广和学术研究等，应是一项配套、完整的系统工作。[2]这次深入北京冬奥组委征集工作中，结合征集小组前期走访、调研、汇总，形成了完整的《北京奥运博物馆基本陈列大纲重点条目》征求意见稿，征集小组报送意见稿内容给各部门审核，望提出修改意见。对大纲中与本部门相关的现有内容提出修改意见；提供本部门认为最有展示价值、最具代表性的事件、工作、故事等的内容文字；提供相关的图片、视频电子版资料和实物，或提供相关信息线索所在单位名称、人员姓名、联系方式。通过对征求意见稿的修改，为夯实奥博基本展陈奠定基础，同时也让北京冬奥组委各部门更加重视奥运物证征集工作，也反馈出很多新的线索，有利于我们后续征集工作的开展。

6. 结论

通过这次征集活动思考征藏工作的意义和价值，重新定位博物馆在集体记忆的保护和传承中的角色和位置，才能真正理解开展奥运征藏工作的真谛和宗旨：为了今天，必须感知昨天；为了明天，必须记忆今天。

参考文献

[1] 付淑华：《近现代文物征集之我见》，载湖南省博物馆学会编《博物馆学文集8》，岳麓书社2013年版，第53—59页。

[2] 陈雨蕉：《现代生活与物证征藏——对北京地区现当代物证征藏状况的调查及思考》，《首都博物馆论丛》2017年。

云计算技术在故宫博物院中的应用

田宏原[*]

摘要：云计算是什么？它是基于互联网的相关服务的增加、使用和交付模式，通常涉及通过互联网来提供动态易扩展且经常是虚拟化的资源。（原文：Cloud computing is a style of computing in which dynamically scalable and often virtualized resources are provided as a service over the Internet.[2]）云计算是一种按使用量付费的IT服务模式，该模式提供可用的、便捷的、按需的网络访问，进入可配置的计算资源共享池（资源包括网络、服务器、存储、应用软件、服务），这些资源能够被快速提供，只需投入很少的管理工作，或与服务供应商进行很少的交互。本文将讨论云计算技术在故宫博物院中的应用场景、优势，以及云计算技术对故宫数字化未来发展的重要作用。

关键词：云计算；数字化；数据中心；故宫博物院

随着故宫博物院官方网站的内容日益丰富，各项功能日益复杂，承载故宫网站的

---

[*] 田宏原，故宫博物院数字与信息部，北京，100009。

载体需要更强的计算能力和更加稳定安全的运行环境。这一需求不仅要求进一步扩充硬件设备（服务器、存储、带宽等）和软件设备（数据库、中间件等），增加运营维护成本，而且还要充分考虑到硬件设备增加会给故宫博物院消防安全带来的隐患。传统数据中心的设备种类、存储等已经无法满足使用需求。故宫博物院充分利用公有云弹性计算的优势，"将应用部署到云端"成为解决这一问题的有效举措，这些云服务保障了网站的正常运行，提高了网站的灵活性、稳定性以及可发展性。

1. 传统数据中心的特点

1.1 静态的物理资源管理

传统 IDC（互联网数据中心）的目标是能够稳定工作，机房设备持续运行正常工作，所有物理设备独立堆砌。实际上传统数据中心建立的目的就是管理好日益增多的交换机、服务器、存储等物理设备，保持良好的运行环境，避免出现数据的损坏和丢失。若设备出现故障，需有人维修。

1.2 设备维护与使用

故宫博物院机房内所有硬件设备都是自行购买，设备的监控和管理工作均由机房运维人员单方独立完成，数据中心提供 IP 接入、带宽接入、电力供应和网络维护等。众所周知，由于部署和配置实体硬件的缘故，传统 IDC 资源的交付通常需要数小时甚至数天，大到硬件故障，小到没有操作系统环境，这些都在无形之中增加了项目的开发时间。传统 IDC 能够实现简单的集约化，资源整合速度和规模较小，只是在硬件服务器的基础上进行有限的整合，例如多台虚拟机共享一台实体服务器的性能。但这种简单的集约化受限于单台实体服务器的资源规模。

2. 云计算数据中心的特点

2.1 服务类型

云计算提供的服务是从基础设施（Iaas）到业务基础平台（PaaS）再到应用层

（SaaS）的连续的、整体的全套服务，无须担心任何硬件设备的性能限制问题，可获得具备高扩展性和高可用性的计算能力。

2.2 云计算资源集约化速度和规模

云计算是通过资源集约化实现的动态资源调配。云计算可以实现跨实体服务器，甚至跨数据中心的大规模有效整合，有效实现异地容灾、备份。使用云计算可以实现横向/纵向的弹性资源扩展和快速调度。目前故宫博物院官方网站主要由阿里云和腾讯云提供技术支撑。

2.3 云计算的时效性

相比于传统物理机房，云计算通过更新的技术实现资源的快速再分配，可以在数分钟甚至几十秒内分配资源实现快速可用，并且云端虚拟资源池中庞大的资源规模使海量资源的快速再分配得以实现，并以此有效地规避资源闲置风险。其更加灵活的资源应用方式、更高的技术提升，有利于不同需求的网站开发人员。对于运维人员来说，硬件设备的管理压力得以减轻。

3. 故宫博物院官网与云计算

3.1 官网运行

随着故宫博物院的被关注度不断加大，其线上业务也在不断扩展。故宫博物院官网包含了教育、探索、学术、文创、展览等板块（图1）。

其中探索板块（图2）下的数字文物库、名画记、全景故宫、数字多宝阁等栏目，含有高清文物影像资料，所以拥有很大的数据量。

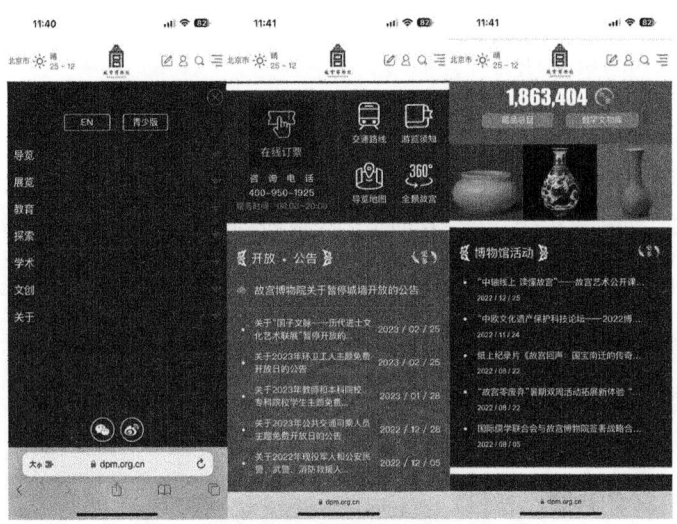

图 1 故宫博物院官网

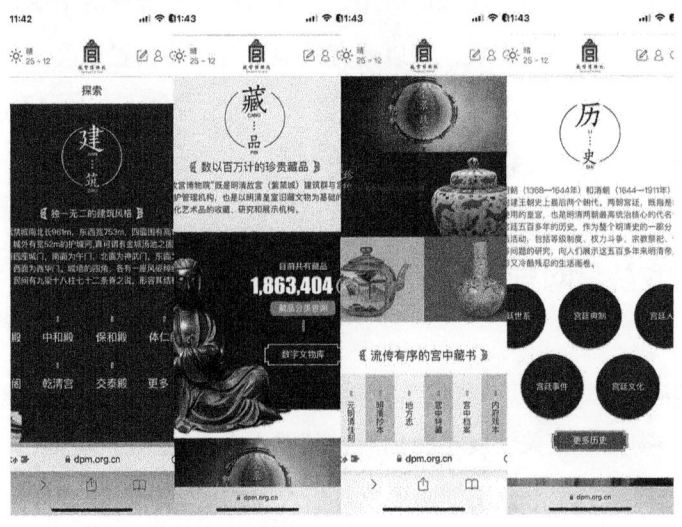

图 2 故宫博物院官网探索板块

这些栏目的内容每年还在不断更新增加，其中数字文物库、名画记及数字多宝阁栏目（图 3）中包含大量超高清文物图片，访问量高峰时期需要随时进行带宽、服务器的弹性扩容工作，受限于传统物理机房的地域面积、物理设备、预算压力等因素，无法在流量高峰时做出及时的扩容措施（上架服务器、增加带宽等）。基于诸多因素，目前故宫博物院官网由机房迁移到云上（阿里云、腾讯云）运行。

主题一：博物馆数字化与人工智能

图3 故宫博物院官网数字文物库、名画记及数字多宝阁栏目

3.2 故宫博物院官网上云的优点

3.2.1 计算弹性

每当法定节假日、重大活动到来之时，故宫博物院官网的访问量就会激增，传统数据中心模式下由于难以做到对单台服务器的配置进行快速变更，在高访问量到来时会出现"被动应对"的局面。转换为云服务器后，运维人员可以在云控制台根据业务量的增减自由变更配置，几分钟之内即可变更ECS（云服务器）的内存、CPU核心数量以及带宽，既不会影响网站的正常运行，还能够从容应对访问量压力问题。除更改配置之外，公有云弹性计算的优势还体现在进行负载均衡处理方面。在无法及时上架更高性能的服务器的情况下，弹性计算可以通过制作ECS镜像实现对服务器的克隆，达到快速增加服务器应对高访问量的目的。当访问量恢复正常后可以再将多余的资源释放。对云计算的应用，不仅降低了设备采购的费用支出，也提高了运维工作的效率，同时为网站进一步的发展提供了更为安全、快速、便捷的服务基础，保障了多项大型活动的网络直播顺利完成。

3.2.2 丰富的云产品

一个成熟的网站架构势必需要大量的设备资源来支撑（图4）。故宫博物院受地理位置的约束，传统小型数据中心的空间面积、设备种类可能无法满足使用需求。

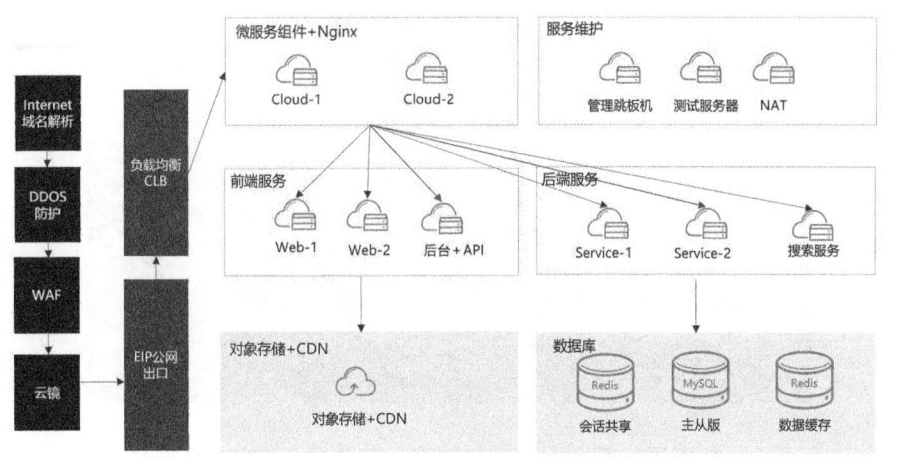

图 4　网站架构拓扑图

图 4 中任何需求（设备）都可以在云上找到相应的产品来使用，其中基础的产品包括计算服务（ECS）、容器服务、网络、CDN 加速服务以及视频服务等。除基础服务外还有存储服务、安全产品、云数据库等。众多服务中，ECS、弹性伸缩、容器、NAT、负载均衡、CDN、云数据库、WAF、堡垒机、主机安全、云防火墙、数据万象等产品被故宫博物院官网所采纳，通过控制台的简单操作即可运行，省去传统 IDC 需要配置的时间，体现了云计算的时效性。这些云服务保障了网站的正常运行，提高了网站的灵活性、稳定性以及可发展性。

3.2.3　安全性

（1）专有网络：面对互联网上不断的攻击流量，专有网络天然具备流量隔离以及攻击隔离的功能。

（2）主机安全：基于海量威胁数据，利用机器学习为运维人员提供资产管理、木马文件查杀、黑客入侵检测、漏洞风险预警及安全基线等安全防护服务，解决当前服务器面临的主要网络安全风险，帮助构建服务器安全防护体系。

（3）WAF Web 应用防火墙：帮助云内及云外用户应对 Web 攻击、入侵、漏洞利用、挂马、篡改、后门、爬虫、域名劫持等网站及 Web 业务安全防护问题。运维人员通过部署云网站管家服务，将 Web 攻击威胁压力转移到云网站管家防护集群节点，分钟级获取 Web 业务防护能力，为故宫博物院官网及 Web 业务安全运营保驾护航。

3.2.4 经济性与便捷性

公有云的应用降低了故宫博物院采购服务器的成本，节省预算；不再受限于单台设备或单个网络，减轻故宫博物院带宽压力；便捷化的操作以及更加优秀的计算性能，让网站更加稳定。上云的同时减少了机房用电量以及相关人员进出故宫博物院非开放区的频率，降低了故宫博物院安全隐患。此外，公有云也有着丰富的云安全产品来保障网站的平稳运行，例如 WAF、堡垒机、云镜、DDOS、云防火墙等。

云服务器在开通时都会内置主流操作系统，相较于传统 IDC 需自备操作系统自行安装来说，云服务器更加方便快捷。并且云控制台可以让运维人员实现随时随地管理网站所有产品设备。在使用传统的服务器时，后期的维护也需要很大成本，而且主要依靠大量的后期维护人员，考虑到故宫博物院官网机房靠近文物库房以及古建中用电、消防安全的特殊性，安全管理问题也有一定难度。而使用云服务器集中化管理对于后期维护就会很轻松，减少用电量以及避免非本院职工在院内敏感地带频繁穿梭的问题，节省成本。云服务供应商（阿里云、腾讯云）会定期升级服务器硬件、机房带宽，优化集群计算架构。高性能的设备、优异的磁盘 I/O、多线互通的网络、持续优化的算法，让服务器响应的速度更快，网站运行更加高效。

3.2.5 与自建机房互联

出于对核心数据安全的考虑，故宫博物院院内核心数据一定要存储在本地机房。公有云专有网络可以建立高速通道到院内物理机房。云服务提供了多种解决方案和丰富的网络产品，形成强大的网络功能，让网站业务更加灵活。

4. 数据中心的未来发展

4.1 云计算与故宫数字化建设

云计算作为数字技术发展和服务模式创新的集中体现，在未来数年内处于蓬勃发展的黄金时期，并为数字经济发展提供强有力的基础支撑。中国信息通信研究院发布的《云计算白皮书（2022 年）》显示，我国云计算市场持续高速增长。[1]

目前不只是故宫博物院官网上云，故宫博物院小程序、畅游多宝阁小程序、院内食堂点餐系统、故宫票务系统也陆续上云。随着故宫数字化建设的不断发展，云计算一定会被运用到更多的业务场景当中。

随着5G设备在故宫博物院的不断建设完善，5G+云计算的技术结合也更好地加速了故宫数字化建设。5G技术配合"云上"的故宫博物院小程序（图5）给游客带来更好的观展体验，游客可以通过手机快速查找各个古建筑、展览、专馆以及原状陈列等基本信息。在云计算搭配5G网络的情况下，故宫博物院完成了"故宫云赏花慢直播"、"何以中国"线上直播等重大线上活动，实现了在家"云看展"的功能。

图5　故宫博物院小程序

4.2　故宫博物院与混合云技术

目前故宫博物院所有数据、备份都存储在数字与信息部中心机房，其存储的数据（文物影像、视频等）也没有异地容灾功能。与此同时，随着文物基础影像采集等项目的不断增加，原有中心机房也要面临扩容、升级的问题，但由于地理因素的影响，中心机房面积不满足扩建条件，而且过多的存储设备给后期运维（人力、财力、消防安全）增加了难度。所以，为了保障数据安全、缓解机房存储压力，故宫博物院计划引入混合云技术。它既可以利用私有云的安全，也可以使用公有云的计算资源，更高效、快捷地完成工作，相比私有云或是公有云更加完善。这种解决方案，在达到安全目的的同时也降低了成本。

故宫博物院计划通过以下三步完成混合云体系的搭建：首先，从数据中心的管理制度、机房环境、通信网络、物理服务器、私有云、存储、计算机、安全等八个角度出发，梳理现状及存在的问题；其次，从安全管理需求、环境需求、物理安全需求、安全通信网络需求、区域边界需求、计算环境需求等六个方面分析故宫混合云具体需求；最后从体系架构、区域划分、上云高速通道、云企业网等四个方面完成项目建设方案设计。

完成本地数据中心到云接入点的物理专线接入后，再将物理专线关联的边界路由器①加入专有网络所在的云企业网实例，建立公有云和本地机房的私网通信。故宫博物院在未来将利用混合云的优点，通过混合云打通链路，解决内外网不互通带来的数据不能上云的问题，实现数据迁移便利、节省人力、进一步降低机房服务器数量等目标。

在未来，古建环境实时检测、文物全息展示、数字文物修复、4K/8K 云演播等技术也将随着 5G 通信技术与云计算的不断融合而得到实现，从而提升故宫博物院的管理和服务水平。5G 通信设备与混合云技术也会在故宫博物院北院区进行建设实施，助力打造具有行业示范意义的智慧园区，加快推动故宫博物院建设成世界一流博物馆，推动国家文化事业和文化产业繁荣发展。

参考文献

[1] 中国信息通信研究院：《云计算白皮书（2022 年）》，2022 年 7 月。

[2] Ishaan Chawla, "Cloud Computing Environment: A Review", *International Journal of Computers & Technology* 17(2), July 2018.pp.7261–7272.

[3] 云计算开源产业联盟、混合云产业推进联盟：《混合云白皮书（2019 年）》，2019 年 7 月。

[4] 王勇超、张璟、王新卫、马静：《基于 MPICH2 的高性能计算集群系统研究》，《计算机技术与发展》2008 年第 9 期。

---

① 边界路由器，是在一个或多个局域网络和主干网络之间路由数据包的设备。

数字化转型助力博物馆更好地发展

雷国静[*]

摘要：数字化转型为博物馆的发展带来了新的生机。本文从数字化转型的目的，数字化转型需要经历的信息化、数据化、智能化三个阶段，博物馆的数字化现状，以及数字化转型过程中博物馆需要努力的方向等方面，阐述了数字化转型将助力博物馆更好地服务观众以及更好地全方位发展。数字化转型更重要的是博物馆工作人员观念的转变，通过数字技术找到数据之间的关联，为智能化决策提供支撑。

关键词：数字化转型；服务观众；全方位发展；智能化决策

近年来，我国数字经济蓬勃发展，赋能实体经济提质增效，成为经济增长的新动能。2023年2月，中共中央、国务院印发《数字中国建设整体布局规划》，明确提出，建设数字中国是数字时代推进中国式现代化的重要引擎，是构筑国家竞争新优势的有力支撑。这无疑是推进数字化发展的又一个重磅政策，我们从中看到了更多机遇。数

---

[*] 雷国静，中国科学技术馆，北京，100012。

字化转型成为企事业单位、博物馆行业生存和发展的必选题。

1. 数字化转型的真正目的

1.1 为了降本增效

应用数字技术可以提高博物馆整体的工作效率和运行效率，互联网集中了大量的数字技术资源和服务，通过大幅提高应用效率来产生经济价值。通过数字化转型可以优化博物馆的内部组织，规范内部工作流程，明确岗位职责，促进博物馆更加健康发展，达到降本增效的目的。

1.2 提升博物馆的竞争力

目前数字化转型比较成功的案例都集中在一些大型的生产企业。这些企业通过数字化转型改善产品质量，实现智能化制造，开拓新的业务模式，提高市场竞争力。博物馆的数字化转型也一定能达到同样的效果，开拓新的业务模式和市场份额，提升创新能力，获得更大的竞争优势。

2. 数字化转型需要经历的三个阶段

数字化的过程是将物理世界中通过测量记录等手段采集得来的数据，转变为可用计算机进行存储和计算的代码，进而让我们做出更加智能的决策和判断。真正的数字化会告诉我们真实世界并不是我们所想象和认为的模样，而是另外一个我们并不真正了解和掌握的模样。在博物馆发展中，所涉及的各项业务，包括人员管理、文物管理、服务观众等很多方面有很多数字化的机会，都有待我们去做深度的数据采集、数据挖掘和数据建模。数字化转型需要经历三个阶段：信息化、数据化、智能化。

2.1 信息化

要把博物馆涉及的各项业务职能或者个人工作当中的很多信息进行记录、储存和管理，通过电子终端呈现，便于信息的传播与沟通，以便于博物馆各方面清楚地了解到业务流程是怎样的，在工作中产生了哪些数据，等等，从而有利于博物馆各部门之间组合优化决策，合理配置博物馆内部资源，增强博物馆的应变能力。

2.2 数据化

第一阶段的信息化建设过程中，存在着各个信息系统之间缺乏互通的问题，形成了信息孤岛。而第二阶段的数据化则是通过对数据进行收集、预处理、清理、建模、挖掘和分析等过程，打通各个信息孤岛，让数据得以连接起来，从而对博物馆的整体运作逻辑进行优化，指导并服务于博物馆的日常运营和管理。这个过程是数据化实现的过程，更是思维模式和工作模式转变的过程。

2.3 智能化

这个阶段是运用多种数字技术，建立博物馆决策机制的自优化模型，实现博物馆各业务之间状态感知，实时分析各项业务数据和观众数据，科学决策各业务工作任务以及智能化分析与管理。建模是为了接近物理世界的真相，智能化意味着我们更精准地预测，更强地接近真相的引导，更加接近物理世界真相的控制优化。

3. 博物馆的数字化现状

3.1 博物馆的数字化管理

博物馆的网站建设以及馆藏文化的数据化建设和文物本体保护与修复建设[1]等，都借助数字技术和互联网技术进行博物馆的数字化管理工作。

3.2 博物馆藏品的数字化体验

在数字技术还未广泛应用之前，观众只是单纯地浏览展品、阅读单一的文字简介，而基于数字技术的互动环节的加入，使得观众融入展区展品中。目前利用数字技术进行展品线上的体验已经越来越广泛，丰富了观众参观博物馆的途径。

3.3 博物馆基于数字技术的观众服务

观众通过博物馆的智能服务平台获得了更多博物馆的参观信息以及路线推荐等，并且留下了自己参观博物馆的感受和建议。

基于博物馆数字技术应用的现状，我们可以发现目前博物馆大多处于数字化转型的信息化或者数据化阶段，如果想要达到数字化转型的智能化阶段，我们仍有很多工作要做。

4. 博物馆在数字化转型中需要努力的方向

数字化转型给博物馆带来的改变是前所未有的，将重塑博物馆中人与物、物与物和人与人的关系。数字化转型也将面临技术驾驭、业务创新、组织变革、文化重塑等方面的挑战。

4.1 数字化转型最关键的是人的转型

数字化转型的实质是业务重塑。数字化转型首要的是把所有业务系统中的数据打通，利用软件工具和软件技术，赋能业务以获得创新能力。人是创造者，是关键，需要从思想上认识到数字化转型的必要性和方法手段，成功的数字化转型并非始于技术，而是以博物馆工作人员为中心目标来彻底改革组织，从而实现生产力的转型，实现业务重塑。数字化转型中人才是调整企业组织结构和令企业文化适应数字化转型需要的驱动力。

数字化是一个涵盖了多个方面的概念，它可以是一种技术手段，一种思维方式，一种工作方法等，但不管从哪个角度来看，数字化转型的本质可以理解为人的转型。

首先，数字化是一种技术手段，它的出现和发展是人类在不断追求更高效、更便捷的生产和生活方式的过程中产生的，人们通过数字技术，将各种信息数字化、可视化、可操作化，从而使得信息的获取和处理更加便捷和精准。因此，数字化转型的本质是在技术层面上实现了人的转型，使得人们在处理信息的能力和效率上得到极大提升。

其次，数字化是一种思维方式和工作方法，它要求我们从传统的思维方式和工作方法中解放出来，借助数字技术和平台进行跨界合作和协同创新，从而实现创新和创造价值。在这个过程中，数字化要求我们用开放、合作、共享的思维方式，去理解和应对复杂的问题和挑战，从而实现个人和组织的转型。因此，数字化转型的本质是人的思维方式和工作方法的转型，使得我们能够更加开放、灵活、创新地思考和工作。总之，数字化转型的本质是人的转型，无论是在技术层面上，还是在思维方式和工作方法上，数字化不仅带来了技术变革，更带来了人的变革。博物馆工作人员需要不断学习和适应数字化时代的发展，具备数字化的素养，才能更好地发挥数字化的潜力。

4.2 技术赋能是数字化转型的基石

数字化转型本质上是在新一代数字信息技术的驱动下，对博物馆业务、管理和运行模式的深度转型和重构，技术是支点，业务是核心。在博物馆数字化转型中，技术管理者需要针对不同的领域和场景，去选择合适的数字技术，贴近博物馆数字化的现状，依托数字技术的优势去解决。在数字化转型中，系统规模和架构复杂度、数据种类以及数据规模都在不断增加，对业务组织的稳定支撑，对管理工作的辅助决策，都成为技术管理者需要面临的考验。

4.3 顶层设计的重要性

顶层设计决定了数字化转型的方向和成败。一般顶层设计可以分为四个步骤：一是做评估，判断博物馆数字化转型规划的现状是什么，问题在哪里，需求到底是什么，同时可以对典型的案例单位进行调研，并且在博物馆行业领域内进行对标分析；二是绘蓝图，通过绘制蓝图找方向和差距，明确博物馆的现状和未来；三是找路线，找到现在和未来之间的差距，这个差距就是博物馆数字化转型中要做的事情，差距可以变成一个个项目，并且对项目预算进行规划。通过这个环节，对于数字化转型的三大核心要素：连接、数据和智能，通过连接产生业务协同，在业务协同的过程中会形成数据，通过对数据的采集、分析和处理，最终形成智能化的能力；四是强管控，也就是整体架构治理规划，确保有专人负责数字化转型的真正实现。数字化转型也是一个漫长的过程，有时候长期的投入并不能马上看到效果，仍要在顶层设计上做好规划。

5. 数字化转型助力博物馆更好地发展

5.1 转型最终是为了更好地服务观众

数字化转型将实现观众到博物馆参观所有需求的一站式服务，节省时间和资源，提高效率。其过程就是运用数字技术解决服务中遇到的各种问题，建立数据之间的联通，将多个服务和功能整合在同一个平台上。数字技术只是一种手段，各种文物展示等能否与观众产生交互才是关键。观众的获得感、满足感才是博物馆数字化转型的核心。

5.2 有助于博物馆自身全方位的发展

在数字化转型过程中，运用新技术提升博物馆陈列展览、文物保管保护和观众服务等核心竞争能力才是关键所在。数字化转型不仅影响博物馆的管理方式和业务运营模式，同时也影响博物馆组织内部的协同和博物馆战略推进之间的关系。

6. 总结

数字化转型是目前博物馆发展的趋势。博物馆数字化转型将改变博物馆工作人员原有的思维方式和工作方法，很多博物馆的现状是不缺数据，但是还没有找到数据之间的业务价值。我们需要抓住数字化转型的契机，挖掘数据的深层次关系，提升博物馆各方面的智能化决策能力。

参考文献

[1] 贾敏:《基于人工智能的博物馆建设与发展》,《文物世界》2020年第2期。

[2] 邱鲤鲤、王雨晴、陈可嘉、阮驭申:《面向数字化时代的博物馆智慧化升级研究及策略——以鼓浪屿八卦楼为例》,《城市建筑》2021年第18卷。

[3] 段颖:《故宫何以成为"网红"?—〈故宫服务〉推介》,《中国博物馆》2018年第1期。

[4] 侯亚婧、闫胜昝:《人工智能驱动下的博物馆体验设计创新策略研究》,《设计》2020年第13期。

[5] 康晓璐:《数字时代故宫博物院数字服务提升路径探索》,《新媒体研究》2021年第23期。

[6] 王春法:《智慧博物馆建设中的机遇和挑战》,《中国国家博物馆馆刊》2019年第1期。

[7] 叶婉婷:《数字化转型:"互联网+"时代中小型博物馆发展的路径探索》,《文化产业》2022年第30期。

[8] 宋俊涛、董洁、张景柯、朱静、罗文:《移动互联网时代故宫博物院数字化转型研究》,《商展经济》2022年第15期。

主题二

博物馆（科技馆）教育的创造性转化与创新性发展

如何满足美好生活需求：博物馆网站建设思考①

王依然　郑　霞*

摘要：博物馆网站是博物馆的重要组成部分，也是博物馆满足人民群众美好生活需求的重要路径。用户需求是影响博物馆网站建设的重要因素，以用户需求为基础的博物馆网站建设，才能使博物馆网站更有效地为美好生活服务。本文以用户需求为出发点，分析总结当前我国博物馆网站存在低水平的分众建设、不成熟的社交互动和不完善的数据库应用等问题，对博物馆网站用户的需求类型进行了归纳，指出博物馆网站应从加强个性挖掘、促进社交联结与立足文化基点三个方面进行提升建设，使网站更好地满足用户需求，真正为美好生活发挥作用。

关键词：用户需求；博物馆网站；美好生活

---

① 本文为2023年文化和旅游部部级社科研究项目"元宇宙赋能博物馆新业态发展的机制与模式研究"（项目编号：23DY31）的阶段性研究成果。

* 王依然，郑霞，浙江大学文化遗产与博物馆学研究所，杭州，310000。

博物馆网站是博物馆对外开放的重要门户[1]。2023年国际博物馆日的主题为"博物馆、可持续性与美好生活（Museums，Sustainability and Well being）"，点明博物馆对于构建美好生活所起的关键作用。作为博物馆的重要组成部分，博物馆网站如何才能更好地满足美好生活需求，是值得博物馆工作者进一步思考的问题。

1. 博物馆网站与美好生活

美好生活的提出是从人的需求角度出发，表明中国人民生活样式的变迁进入了一个崭新的、高层次的阶段[2]，体现了以人民为中心的价值导向。实现美好生活要求坚持以人民为中心，正确把握需要的历史性、丰富性与层次性。[3]

博物馆是重要的社会公共文化服务机构，承担着满足人民群众美好生活需求的使命与责任。作为博物馆数字化的成果，博物馆网站增强了博物馆与网站用户间的双向沟通，它既扩展了实体博物馆的职能，在博物馆收藏、研究、教育、传播与展示、文化建设等方面扩大了服务范围[4]，又能满足网站用户多元化需求，在信息查询、多媒体展示、娱乐与互动等方面提高了用户的综合体验。

在"以观众为中心"的观念逐渐被更多博物馆人所认同的当下，博物馆网站同样应将用户作为核心，围绕用户需求开展网站建设，从而使博物馆网站成为满足用户美好生活需求的新途径。

2. 我国博物馆网站发展现状

自故宫博物院官网于20世纪90年代末建设以来，我国博物馆网站已经历了20余年的发展历程。2019年一项调查对全国115家国家一级博物馆的网站从用户在线体验的角度进行评估，结果显示我国博物馆网站存在建设水平差异大、地区差异明显、内容完整度高、整体网络技术应用水平较低、知名度和影响力水平低等发展特点[4]，表明我国博物馆网站的建设仍有较大的提升空间。

从满足用户需求的角度看，当前我国博物馆网站建设仍存在以下问题：（1）低水平的分众建设；（2）不成熟的社交互动；（3）不完善的数据库应用。

2.1 低水平的分众建设

分众是博物馆网站建设的重要内容，官方可根据一定指标将用户分为不同的群体，从不同群体的需求出发，有针对性地提供相应的内容与服务。[5]与国外相比，国内博物馆网站的分众建设仍处于较低水平，具体表现为两方面：实行分众建设的网站数量较少，以及网站分众建设的个性化程度低。

截至2021年年底，全国共有204家国家一级博物馆，目前对网站有分众建设的仅有99家。① 在有分众建设的网站中，绝大部分也仅根据使用语言的不同对网站进行分众处理，且存在其他语言版本仅有本馆简单介绍或未完成建设的情况。也有少数博物馆网站针对用户的不同需求，进行了专门的分众设计，如浙江自然博物院官网针对少年儿童用户群体，单独为其开辟专门的用户界面（图1）；成都金沙遗址博物馆官网专门开辟了学术版本，汇集本馆相关学术动态及成果，为相关人员查找资料提供了便利（图2）。值得一提的是，部分博物馆网站设置了无障碍浏览版本，使有视听障碍的用户访问更加便捷（图3）。

图1 浙江自然博物院官网少儿版界面

资料来源：取自 https://child.zmnh.com/ethtml/young.html。

---

① 全国博物馆年度报告信息系统：http://nb.ncha.gov.cn/museum.html。博物馆官方网址以国家文物局全国博物馆年度报告信息系统备案为准，在204家国家一级博物馆中，有28家博物馆的官网无法访问。

图 2　成都金沙遗址博物馆官网学术版界面

资料来源：取自 http://academic.jinshasitemuseum.com/。

图 3　安徽博物院官网无障碍浏览界面

资料来源：取自 https://www.ahm.cn/。

然而，即使有部分博物馆已经意识到需要根据不同用户群体的需求对网站进行分众建设，但其现有分众建设的个性化程度仍处于较低水平。成都金沙遗址博物馆官网虽然意识到部分用户有对学术信息的专门需求，但其仅将学术相关内容设计了专门的入口与页面,在内容安排上与其他博物馆官网的学术模块并无明显差异。许多博物馆将少年儿童作为特殊的用户群体对其进行专门的分众设计,但不同年龄阶段的少年儿童是否能看作同一需求群体仍有待商榷,将少年儿童以外的用户全部归为另一类用户群体也并没有考虑群体内部需求的差异性,如何按用户需求对网站进行合理的分众建设,仍是博物馆工作者要考虑的重点。此外,许多博物馆网站在页面布局排版和网站信息架构上具有极强的相似性,这一方面固然提高了用户在访问网站时的效率,减少因用户对网站不熟悉而耗费的时间,但另一方面也使不同类型、不同功能的博物馆网站趋于雷同,造成"千站一面"的现象。

2.2 不成熟的社交互动

作为沟通博物馆与公众的主要桥梁[6],博物馆网站除了承担博物馆方与用户之间的沟通对话,还应当为不同用户相互之间的交流提供便利。刘瀚学依据公众与博物馆的关系将国外博物馆网站的发展分为博物馆网站向公众信息单向传播、双向互动交流,以及博物馆网站作为公众交流平台(图4)三个发展阶段。[7]然而,我国大部分博物馆网站仍处于与公众信息双向互动,甚至单向传播阶段,社交互动功能则形同虚设。

图4 博物馆网站作为公众交流平台关系示意图

资料来源:转引自刘瀚学:《基于公众视角下的博物馆网站建设研究》,西北大学 2016 年硕士学位论文

一些博物馆意识到社交互动在网站中的重要性,如中国国家博物馆官网在"服务"一栏下开发了"观众之声"模块(图5),汇集了来自微博、小红书、今日头条、抖音等社交平台的用户评论,使网站用户能够了解其他观众对博物馆的评价。然而,在该模块中用户仅能浏览,并不能与其他用户进行直接交流,但这仍不失为博物馆沟通公众的新尝试。首都博物馆官网设置了"互动社区",但功能仅仅为下载相关资料,并

没有真正成为用户交流的平台。我国博物馆网站要想真正成为公众交流的平台，满足用户的社交互动需求，仍需进一步发展与建设。

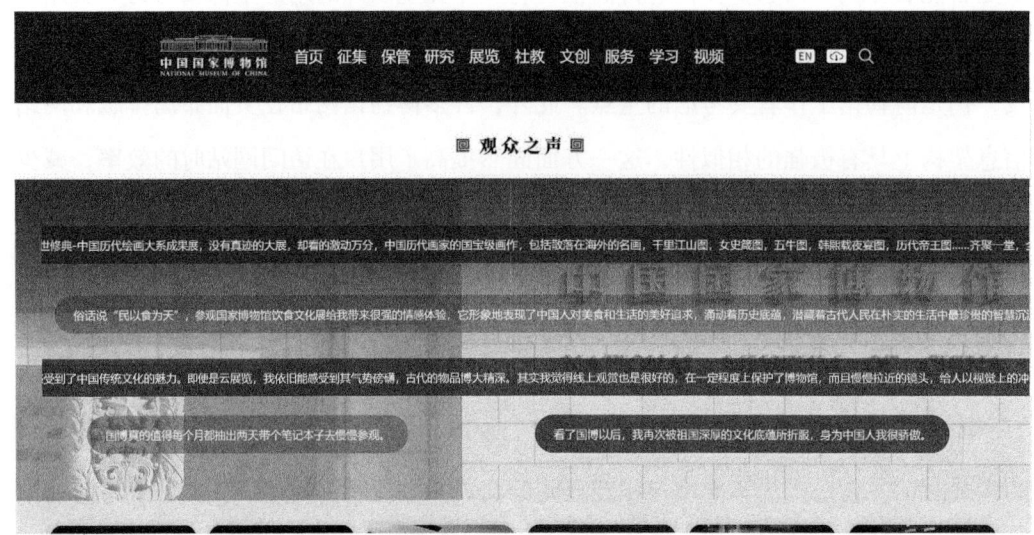

图 5　中国国家博物馆官网"观众之声"模块界面
资料来源：取自 https://www.chnmuseum.cn/shxg/hyb。

2.3　不完善的数据库应用

数据库建设是博物馆网站建设的核心。当前，我国博物馆网站的数据库建设仍不完善，主要存在信息缺失和信息检索效率低两方面的问题。

信息缺失分为藏品信息缺失和其他信息缺失。以藏品信息为例，故宫博物院现有藏品总量 186 万余件（套），但故宫博物院官网数字文物库目前仅上传了 8 万余件数字藏品①，其数量远不能满足用户的检索需求。除了数量无法与实体博物馆藏品相比较，藏品数据的质量也参差不齐。许多博物馆网站缺少藏品介绍、藏品高清图片等基本内容，给用户带来不便。另外，许多用户访问博物馆网站是为了获得实体博物馆参观、教育、活动的最新消息，然而由于网站信息更新不及时、网址无法打开等问题，用户无法准确获得相关消息，从而导致用户的需求无法满足。

除此以外，信息检索效率低也给用户造成障碍。许多版块与内容设置在网站的次

---

① 故宫博物院数字文物库，https://digicol.dpm.org.cn/，数据统计截至 2023 年 4 月 30 日。

级页面中，需要用户自行探索才能找到；网站的搜索框存在着关键词搜索不准确、加载时间长、无响应等问题；许多网站只在首页设置搜索框，次级页面搜索框缺失，无法满足用户高效准确的信息检索需求。

3. 博物馆网站用户的美好生活需求

3.1 博物馆网站的用户需求

用户是博物馆网站的直接使用者，他们访问博物馆网站的原因被称为动机，而用户的不同需求则转化为他们的不同动机，需求是产生动机的基础。

一年一度的国际博物馆与网络技术大会（Museums and the Web Conference）①曾对博物馆网站用户以需求为基础的访问动机进行了持续的关注。2004年，Goldman 和 Schaller 在全美六家不同类型的博物馆网站上展开调研，结果显示不同类型博物馆网站的用户需求存在差异，但查询信息是受访者最主要的需求。[8]Peacock 和 Brownbill 以需求为基础建立了博物馆网站的用户细分模型，将用户分为参观者、搜索者、浏览者和交易者四种类型，其中搜索者是最主要的用户类型，接近所有受访者的一半[9]。Fantoni 等学者则将印第安纳波利斯艺术博物馆网站的用户按主要需求划分为计划参观博物馆、为研究或专业目的查找信息、为个人兴趣查找信息、随意浏览和进行交易五种类别。[10] Stack 和 Villaespesa 在此前研究的基础上，依据需求将泰特美术馆网站的用户进一步扩展为个人兴趣研究、学生研究、专业研究、灵感、愉悦、艺术新闻、重复访问计划、首次访问计划和机构信息查询九种不同的类型。[11]除此以外，Marty[6][12]、Romeo[13]、Stewart[14]等学者开展了以动机为基础的分众方法，用来研究其用户分布。综合以往相关研究，本文将博物馆网站的用户需求归纳为以下四种类型：

信息搜索：用户出于学习、研究、计划参观、个人爱好等原因访问博物馆网站，他们通常有着明确的信息搜索目标，并期望能在网站上获得他们想要的信息。信息搜索是用户访问博物馆网站最主要的需求。

---

① 国际博物馆与网络技术大会（Museums and the Web Conference）是博物馆科技领域的年度国际会议，该会议由档案馆与博物馆信息学（Archives & Museum Informatics）创建和组织，自1997年以来每年春天在北美以及其他国家/地区举办，为博物馆及其网站的研究提供了交流渠道。

过程体验：用户访问博物馆网站是为了获得精神上的满足，他们单纯地享受访问网站的过程，在这个过程中打发时间、缓解压力、放松身心。

灵感获得：用户期望在博物馆网站上找到可能激发想法和创造力的东西，他们通常会对博物馆网站进行探索，没有固定的浏览目标。

社交互动：用户访问博物馆网站是为了与博物馆方或其他用户进行沟通交流，或与亲朋好友分享相关信息。

3.2 美好生活与用户需求

美好生活是物质维度与精神维度的统一体。马克思认为，实现美好生活更需要重视拓展人的精神需要维度。[3]"美好生活需要"的精神维度包括高品质的文化需要、公平正义的政治需要、有尊严的社会需要以及和谐美丽的生态需要。[3]博物馆网站作为文化服务机构的重要组成部分，承担着促进社会交往、实现人的全面发展的义务与责任。

博物馆网站的用户具有社交互动的需求。人具有社会性，无法脱离社会而存在，实现美好生活离不开对用户社交互动需求的满足；用户具有过程体验的需求，他们期待在网站中获得精神的放松，为进一步的自我发展提供身心上的充足准备；用户还具有信息搜索和灵感获得的需求，他们渴望在网站中获得高品质的文化内容，从而进行自我教育与提升，实现人的全面发展。因此，用户需求体现了用户对美好生活的向往，也反映了博物馆网站为实现美好生活需要的建设路径。

4. 思考与建议

当前我国博物馆网站已经开始意识到用户需求的重要性，已有部分博物馆网站开始根据用户的不同需求有针对性地对网站进行开发与建设。然而，博物馆网站要想真正成为人们实现美好生活的重要途径，仍有较长的建设道路要走。为了使博物馆网站更好地以用户为中心，满足用户的多样化、多层次需求，笔者有以下几点建议：

4.1 明确自身定位，加强个性挖掘

当前我国博物馆网站存在"千站一面"的现象，这一方面是由于综合类、历史类

等传统博物馆占我国博物馆总数的70%，从而导致大部分博物馆网站在定位、内容与布局上具有极强的相似性，另一方面也是因为绝大多数博物馆对自身的特点和受众需求的了解有限。历史类、艺术类、自然科技类博物馆在宗旨与使命上是否一致？观众对它们的期望是否相同？这都是博物馆在进行网站建设时需要提前考虑的问题。因此，博物馆方既要对自身定位有明确认识，基于自身定位对网站进行建设，让网站符合博物馆的个性与特征，具有高"识别度"；又要对其网站用户进行深度调研，了解用户的特征与需求，有针对性地对网站进行调整与改进，从而使用户享受个性化的"一条龙"服务，提升使用体验。

4.2 推动媒体融合，促进社交联结

博物馆网站是打破时空藩篱、连接线上线下、沟通不同群体的社交平台。然而，现有的博物馆网站知名度与影响力都较低，容易成为社交网络中被遗忘的部分，难以满足用户的社交互动需求。要想真正发挥博物馆网站作为"社交纽带"的作用，博物馆方应首先摒弃原有的"高高在上"观念，主动将网站融入新媒体网络，利用新媒体带动网站的公共化。其次，博物馆方也需加强技术进步，为用户的社交互动消除技术屏障。此外，网站应重视站内社区建设，吸引相似爱好、兴趣、目的的用户进行分享交流，从而实现用户联结，促进网站内容的共建。

4.3 立足文化基点，实现质量提升

用户对博物馆网站的信息搜索和灵感获得需求，都表明用户对网站的内容有所期待。博物馆方在推动网站进行个性化和社交化建设的同时，必须意识到博物馆是社会文化服务机构，提供高品质的文化内容是网站建设与发展的基础，偏离了这一点，网站建设就会成为"无本之木"。因此，博物馆网站的建设要不断完善藏品数据库，为用户提供高质量的数字藏品资源；要深入挖掘藏品内涵与价值，并将相关研究成果及时公布在网站上，为用户提供高质量的文化拓展资源；要利用VR、AR等新技术对原有数字资源进行转化与提升，实现博物馆网站文化内容的创造性转化与创新性发展，为用户提供高质量的文化创新资源。

参考文献

[1] 马鑫涛、胡宇娜、张睿童：《基于用户视角的博物馆网站效用指数测评研究——以六家国家一级博物馆为例》，载中国博物馆协会博物馆学专业委员会编《中国博物馆协会博物馆学专业委员会 2021 年"博物馆与多元学科的关系"学术研讨会论文集》，文物出版社 2022 年版。

[2] 项久雨：《新时代美好生活的样态变革及价值引领》，《中国社会科学》2019 年第 11 期。

[3] 秦维红、张玉杰：《马克思需要理论视域中"美好生活需要"探析》，《马克思主义理论学科研究》2020 年第 4 期。

[4] Ma X, Hu Y, "Research on the evaluation of museum website utility index based on analytic hierarchy process: a case study of China's national first-class museums", *Digital Scholarship in the Humanities*, 2022, 37(2), pp. 517-533.

[5] 李丹芳、郑霞：《对博物馆网站分众的再思考》，载北京数字科普协会主编《2019 北京数字博物馆研讨会论文集》，华夏出版社 2019 年版，第 86—93 页。

[6] Paul F. Marty, "Museum Websites and Museum Visitors: Before and After the Museum Visit", *Museum Management and Curatorship*, 2007, 22:4, pp. 337-360.

[7] 刘瀚学：《基于公众视角下的博物馆网站建设研究》，西北大学硕士学位论文，2016 年。

[8] Schaller, D., and K. Haley Goldman, "Exploring motivational factors and visitor satisfaction in on-line museum visits", *Museums and the Web*, 2004.

[9] Peacock, Darren, and Jonny Brownbill, "Audiences, visitors, users: Reconceptualising users of museum on-line content and services", *Museums and the Web*, 2007.

[10] Fantoni, Silvia Filippini, Rob Stein, and Gray Bowman, "Exploring the relationship between visitor motivation and engagement in online museum audiences", *Museums and the Web*, 2012.

[11] Villaespesa E, Stack J, "Finding the motivation behind a click: Definition and implementation of a website audience segmentation", *Museums and the Web*, 2015.

[12] Paul F. Marty, "My lost museum: User expectations and motivations for creating personal digital collections on museum websites", *Library & Information Science Research*, 2011, 33(3), pp. 211-219.

[13] Romeo F, "What motivates a visit to Mo-MA's website?", Digital@ MoMA Medium, 2016.

[14] Stewart S. and S. Nullman, "Visitor motivation survey and audience segmentation for the Whitney Museum of Art website", Published Nov. 18 2018, Consulted January 15 2020, https://museumsdigitalculture.prattsi.org/visitor-motivation-survey-and-audience-segmentation-for-the-whitney-museum-of-art-website-acafa5397a3a.

浅谈博物馆从业人员数字化能力建设

张石夕[*]

摘要：数字化时代背景下，博物馆从业人员需要具备处理、展示数字化展品，管理及维护数字系统、平台的数字技能和知识，这对博物馆建设、运营和管理都至关重要。推进博物馆从业人员数字化能力建设，是助力北京博物馆之城建设，全面融入首都经济社会发展，启迪美好生活智慧的必要条件，发挥了博物馆满足人民对美好生活向往和文化需求的重要作用。本文旨在探讨博物馆从业人员数字化能力建设，包括各类型博物馆从业人员需要具备的基本数字化技能，数字化转型背景下博物馆从业人员数字化能力建设的重要性和必要性，影响博物馆从业人员数字化能力发展的现实问题，以及博物馆可以采取的促进从业人员数字化能力建设的策略和方法。

关键词：博物馆从业人员；数字化；能力建设

互联网和信息技术的飞速发展，为博物馆的发展和转型提供了新的机遇，据中国

---

[*] 张石夕，北京艺术博物馆，北京，100081。

网络空间研究院预测,到 2025 年,我国数字经济规模将超过 60 万亿元,数字文化消费逐渐成为文化消费新方向。随着博物馆热度持续提升,以数字化为核心的智慧博物馆加速走入大众生活,推动着博物馆服务升级迭代,也对博物馆从业人员的数字化能力提出了新的要求。

本文简要梳理了数字化转型背景下各类型博物馆从业人员需要具备的基本数字化技能,尝试从博物馆从业人员数字化素质培养的重要性和必要性,影响博物馆从业人员数字化能力发展的现实问题,以及博物馆可以采取的促进从业人员数字化能力建设的策略和方法等方面,分析如何建设博物馆从业人员数字化能力,助力文博事业发展。

1. 各类型博物馆从业人员需要具备的基本数字化技能

1.1 数字化能力内涵

英国联合信息系统委员会(JISC)对数字素养做出释义[1]:博物馆应用环境下,从业人员数字化能力,是指分析观众信息需求、利用信息技术、共享数字化馆藏资源的能力。

1.2 各类型从业人员数字化能力要求

1.2.1 策展人员

博物馆从静态、封闭的展览形式向开放、互动和多元化的数字化方向转变,这就要求策展人员能够使用数字技术创建身临其境和具有互动性的展览,以满足观众的期望,借助数字展示、虚拟展示等手段,使文物、历史、艺术等文化资源以全新的方式呈现,让文物"活"起来,让观众通过数字化手段来感受文化遗产的价值和魅力。

1.2.2 信息人员

博物馆信息部门工作人员需要重视博物馆数字化背后的社交性和互动性,在数字化展示的基础上推出"数字博物馆+""云博物馆""智慧博物馆"等形态,以满足观众的多元化需求,进而提高用户黏性。同时借助多媒体平台力量,主动宣传引导,承担信息化职能,打造无线化、互联网化、数字化的信息发布类产品。

1.2.3 社教人员

博物馆社教人员需要通过数字化手段、VR 技术等形式，向观众提供更加个性化、多样化的文化体验，以更加灵活的文化传播方式，凸显数字化优势，节约传统博物馆大量建设、运营的成本，为观众提供便捷化参观、专业化导览、沉浸式体验的优质服务，构建起线上与线下融合，实体展览与云展览、云课堂、云直播平台结合的高品质社会教育服务。

1.2.4 公众服务人员

数字技术的发展带来了更多智慧服务场景思考，博物馆公众服务人员还需要掌握更先进的数字技能，向观众提供服务。要能够综合运用智能语音识别、智能语音理解、深度学习等多项最新人工智能技术，利用 AI 语音数据挖掘分析技术，并以热词云图、分类图表等方式进行可视化呈现，为做好服务应对和知识储备提供价值线索。

1.2.5 保卫人员

博物馆安全保卫部门工作人员需要应用数字技术实现安全保卫职能，保障博物馆安全有序开放。此外，安全运营人员应具备高级数字技能，包括数据管理、网络维护和网络安全等，以支持博物馆的安全管理。例如通过视频 AI 动态监测馆内人群分布密度、客流动态，助力高峰期客流引导。同时做好客流智能分析，根据馆内实时客流动态调整预约量，做到分时预约、动态调整，实现观众快速入馆，保障博物馆安全开放。

1.2.6 藏品保管和文物修复人员

博物馆藏品保管和文物修复人员需要抓住现代科技为文物保护带来的改变和机遇，例如，通过布设环境传感器等进行数据采集；通过物联网对文物存储环境进行全天候监测；通过人工智能自动调节温度、湿度等存储环境，做好预防性保护，防止文物受到侵蚀与破坏。建立馆藏文物数据库，利用数字化智能技术（激光扫描仪、高清数码相机等）实现文物信息采集、影像建模和虚拟修复等，为文物修护、研究和展示提供技术支撑，通过先进技术赋能博物馆文化传播和文物传承。

1.2.7 管理人员

博物馆管理人员要借助数字化技术，充分利用物联网、云计算、大数据和移动通信技术，将原有的文物资源以数字化、可交互、可分享的形式进行线上存储、展示和传播，为工作人员提供便捷可查、动态实时、数据翔实的管理平台，及时归纳分析获取数据，助力博物馆综合治理，也为博物馆事业发展奠定理论基础和实践支撑。

2. 博物馆从业人员数字化能力建设的重要性和必要性

数字化时代发展趋势下，提高博物馆从业人员的数字化能力对博物馆的安全有序开放和科学有效管理至关重要，各类型从业人员利用云计算技术和藏品资源数据，建立网络化的展示和交流平台，以数字形式展现文物展品及其历史特点，将新技术融入文物修复及保护利用的工作进程中，使博物馆展览展示更具交互性、趣味性和奇妙感，让数字资源和文化遗产得到更好的保护和传承。

2.1 助力博物馆文化传播，增强参观体验

博物馆从业人员的数字化能力水平直接关系到博物馆数字化技术应用程度。"互联网+"在博物馆数字化建设中的突出作用就是"拉近了博物馆与受众之间的距离"[2]。"要解决互联网+在推动博物馆建设中存在的理念冲突，首先要坚持以人为本的理念"[3]。博物馆从业人员采用先进的数字技能完成文化展示，增强参观者的体验，是运用科技力量让博物馆"活"起来的核心，新技术是博物馆建设的关键支撑。数字化技术可以更好地模拟真实环境，为观众营造出一种身临其境的感觉，通过数字化技术营造出超现实的氛围，令观众大饱眼福，增强参与感、体验感和真实感。

2.2 满足日益增长的观众文化需求

2022年8月24日，国际博物馆协会正式公布了博物馆的新定义。相比之下，新定义下的博物馆，强调了包容性、可持续性和社区参与，这也体现了推进数字化能力建设的时代意义。博物馆从业人员的数字化能力建设保障了社会公众接触文化的公平性和传播的公益性，是"通过不断地扩大人员、物质与象征财富的流动来加速逐渐扩大的整体对社会的融合，并且不停地移动物质、知识和精神的边界"[4]。这种"普泛化"[5]和"小众化"[6]的传播方式，满足了观众在参观游览博物馆时期待的"便利性、知识性、个性化和社群化"[7]的文化要求。

2.3 提高运营效率，增强文物保护利用

博物馆从业人员数字化能力建设不仅将提高博物馆的运营效率，提供展品的互动和信息化视角，还将改善历史文物的呈现。数字化过程将促进博物馆从业人员之间的研究和协作，借助数字化手段可以加强馆藏文物保护，以文物数字化手段进行保存，是将物品本身和信息分离，并将其进行数字复制，获得永久存在的文物保护和容易复制的便利，能有效增强馆藏文物的保护能力和利用水平，让珍贵的历史文化瑰宝得到更妥善的传承。

3. 博物馆从业人员数字化能力建设存在的问题

3.1 无整体规划，缺乏前瞻性

事实上，博物馆从业人员的数字化能力建设虽然在博物馆建设与发展方面逐渐显现其重要性和必要性，但并没有被列入博物馆事业发展整体规划中，上层设计的缺失，导致理论研究和实践指导的缺位，关于博物馆从业人员的数字化能力建设对博物馆管理和运营的影响方面的研究明显不足。此外，因为缺乏整体规划和标准化运营，博物馆从业人员的数字化能力建设大多是为了适应技术发展的需要而产生，有一定滞后性，不能满足日益进步的信息技术需要和博物馆的发展需求。没有前瞻性的战略眼光，不能对博物馆从业人员有规划地进行全面数字技能培训，这将直接导致巨大的博物馆行业数字技能差距，这种差距可能会反过来阻碍新策略和新技术的应用。

3.2 力量不足，重视程度不高

除了整体规划的缺位，博物馆从业人员的数字化能力建设还存在明显的力量不足，受限于重视程度不够、投入不高等客观原因，表现为保密安全意识不足、专业人才缺乏等问题。技术的发展是把双刃剑，新技术的应用既是机遇也是挑战，新技术应用过程的方便快捷可及性背后也暗藏着信息泄露、舆论危机等安全隐患。许多传统博物馆受限于部门规划和编制数量，未设置专业数据化部门，工作人员数量较少，缺乏数字化技术和新媒体的知识和能力，信息化水平不高，专业力量不足。

3.3 创新能力不足，高质量服务内容不够

以北京地区的博物馆为例，文史类博物馆占比大，数字化服务内容同质化严重，从业人员的数字化能力建设缺乏多样性和创新性。具备数字化能力的博物馆从业人员通常被限制在基本技能方面，如数字馆藏管理、社交媒体管理等方向，没有形成具有各馆特色的数字化内容。数字化研究偏学术方向，包容性和兼容性不足，不能有效地和其他技术领域间达成合作，未能融入IT、数据科学、数字媒体等其他领域前沿研究成果，在提供高质量数字化服务方面还有欠缺。

4. 博物馆从业人员数字化能力建设的策略和方法

4.1 制订规划，树立数字化服务理念

博物馆要根据自身文物保护与参观展示的实际情况，科学制订智慧化建设的系统规划，有计划、有步骤、有个性地推进和完善数字化设施和功能，以更加丰富多彩、生动有趣的形式讲好中国故事，传播中华文化。要树立数字化服务理念，增强互动性，增强观众的体验感，持续激发观众走进博物馆的热情。

4.2 加强重视，建设数字化人才队伍

随着现代信息和通信技术的快速发展，为了更好地迎接数字化时代的挑战，博物馆应加强重视，建立一个包括具有多元化背景的专业人才在内的团队，加强专业技能培训，制订目标明确、标准清晰、与博物馆行业的具体需求相关的培训计划，并定期根据反馈和评估进行审查和更新。博物馆还应该利用外部资源，加强行业联合和地区合作，积极联系行业专家、高等学校和研究机构，提供先进的培训或联合学习机会。

4.3 适配需求，提供高质量数字化服务内容

利用数字技术手段，科学分析观众需求，做好前期调研，寻求价值共创，让社会公众更有参与感、获得感和满足感，同时结合严建强先生提出的专业交融互渗培训理念[8]，考虑到不同类型博物馆和各类型从业人员的特点，注重培训过程中的多样化内容和多形式表达，鼓励博物馆从业人员具有创新性和实验精神，以发展独特的数字化

能力；挖掘各馆特色，增强品牌效应，提供高质量数字化服务内容，推动文博领域的发展，促进数字化技术在文化传播领域的应用。

5. 结语

博物馆是保护和传承人类文明的重要场所，数字技术的应用改变了博物馆的运营管理和展现自身的方式。博物馆从业人员数字化能力建设不仅将帮助博物馆发挥作用，更是从业人员提高自身技能并在各自领域取得进步的绝佳机会。博物馆从业人员需要拥抱技术，加强沟通与联系，重视数字化能力在文博领域的全新应用，要将文化展示与数字技术相结合，做好文化传播，展现出文化与艺术的魅力。

参考文献

[1]［法］米歇尔·塞尔:《拇指一代》，谭华译，华东师范大学出版社2015年版。

[2]陈宁欣、衣兰杰:《当前新媒体在博物馆社会服务中的应用》，《艺术百家》2013年第2期。

[3]张曼、曾斯平:《"互联网+"背景下博物馆与非物质文化遗产深度融合研究》，《南宁师范大学学报（哲学社会科学版）》2020年第5期。

[4]［法］阿芒·马特拉:《传播的世界化》，朱振明译，中国传媒大学出版社2007年版。

[5]张彬:《对"自媒体"的概念界定及思考》，《今传媒》2008年第8期。

[6]陈红艳:《当代社会阶层分化对大众传播的影响》，《社会》2003年第1期。

[7]李欣欣、曹国如、徐畅:《高校图书馆数字化服务问题及策略研究》，《科技资讯》2023年第6期。

[8]严建强主编:《策展的挑战：从符号观念到故事思维》，浙江大学出版社2021年版。

浅谈博物馆藏品的数字化管理

谷 京[*]

摘要：藏品管理是博物馆的最基本职能，是保持藏品性质、原状的基础。博物馆藏品是历史的见证、文明的传递，是追溯延续文化的重要证据，它们是历史的沉淀，独一无二，不可复制，因此，每件藏品均需用心去管理与呵护。随着经济的发展，人们观念的转变，信息技术的飞速发展，传统的藏品管理方式已跟不上现在工作的节奏。第一次全国可移动文物普查的开展，加速推动了各博物馆的藏品数字化工作。

关键词：博物馆藏品；藏品管理；藏品数字化

每一届的奥运会都会给举办城市、国际奥林匹克委员会留下璀璨夺目的物质财富和精神财富。其中有一种特殊的财富——奥运档案，即申办、筹办、举办奥运活动所形成的文字、图片、声音、视频、实物等原始记录。这些原始记录蕴含了丰富的人文价值，有助于文化交流与人文精神的发扬与传承。后奥运时代，为促进奥运遗产持续

---

[*] 谷京，北京奥运博物馆，北京，102008。

广泛地造福于民众，藏品理应长久、有效地保护与传承，挖掘奥运藏品在不同社会领域的应用潜力与丰富价值。2008年，北京成功举办了第29届夏季奥林匹克运动会（简称夏奥会）；2022年，北京再次成功举办第24届冬季奥林匹克运动会（简称冬奥会），成为世界上首座"双奥之城"。而北京奥运博物馆收藏保管着2008年夏奥会和2022年冬奥会的"双奥"藏品，形成了一套相对完整的奥运藏品管理经验。

当下，快速发展的信息技术，让人们的工作与生活得到了极大的便利，国家对文物博物馆行业高度关注并寄予厚望，将发展博物馆事业纳入国家文化战略，重视程度之高，前所未有。在信息化大潮的冲击下，博物馆领域中新技术的发展应用极其迅速，物联网、云计算、大数据、移动通信等新一代信息技术成果与博物馆业务结合，推动着博物馆打破固有的行业壁垒，以更开放、更智慧的形象融入国家现代公共文化服务体系。相较于传统管理技术来说，数字化管理技术具有更加显著的优势，有利于相关管理人员更好地转变博物馆藏品的管理观念，加深人们对数字化技术重要性的认识。除此之外，在博物馆管理中应用数字化管理技术，还产生了部分数字产品，比如建立网络数字博物馆，让人们通过互联网就可以大致浏览博物馆，为人们的生活提供了方便，使人们的视野更加开阔。

当前，我国许多博物馆在藏品管理上并没有形成很成熟的管理体系，因此从藏品管理的角度出发，对博物馆藏品管理进行探析，能够更好地完善藏品管理保护工作。近年来，得益于国家的高度重视和信息技术新成果的支撑，我国博物馆已进入向智慧博物馆转型的新时代，藏品管理的智能化与藏品信息的开放共享，是智慧博物馆建设的核心内容，这也对博物馆藏品管理人员的思想观念和业务能力提出了更高的要求。随着现代信息技术的不断发展和创新，对于博物馆的藏品管理也有了新需求：将现代信息技术和博物馆藏品管理有效结合，合理、高效地将信息技术运用到藏品管理中，以达到新时代对藏品管理的新要求。

1. 传统藏品管理中存在的问题

传统的博物馆藏品管理属于纯手工工作的一种[1]，具有很强的复杂性，内容十分繁杂，资料与实物是管理的重点。实物管理包括藏品入馆、登记、尺寸测量、拍照等内容。在入库保管后还需定期做防尘和防霉等处理，起到保养藏品的作用。库房管理为传统藏品保管的一种模式，力求将藏品的原状充分保存。文物具有不可替代、不可再生的典型特征，因此，博物馆高度重视文物藏品的管理，尤其是藏品的安全性。在藏品资料管理上则主要是对有关藏品的记录资料进行管理，包括分类账、文物总账、调用记录、图像资料、藏品的凭证等，这些资料是极为宝贵的研究资料。

全人工模式是传统管理方法中常用的，需多次抄写多份登记表和卡片等。大部分博物馆在图片与文字资料的管理上都是分开进行的，如此便会产生诸多问题。除此之外，在使用手工统计模式时，出现笔误、疏漏等问题的概率非常高，会产生信息、数据的误差，而一旦有误差出现就会让核实与查询变得非常困难。对于有较多藏品的博物馆而言，长期的积累形成庞杂的藏品资料，需在大量繁杂的资料中完成对资料的收集、分析与整理，工作难度大大增加。

2. 藏品数字化管理的重要作用

2.1 对于博物馆而言

2.1.1 藏品

（1）相比于传统的纸质档案，数字化管理存储空间更大，且操作便捷。

（2）藏品数字化更便于藏品的检索、分类统计、分析，进而迅速找到藏品相关资料，如此便能够显著缩短藏品查找时间。

（3）藏品管理数字化后，藏品的各种研究成果和价值都能够被更多的人熟知，能够得到更加广泛的传播，这与博物馆藏品的共享性和社会性是相一致的。有关职能部门颁布了相关的标准规范，有利于提高数字化信息管理与记载的规范性，以坚实的基础助力了博物馆藏品管理中数字化管理技术的持续发展，并实现了藏品数字信息资源共享，为更多的人观赏和研究博物馆藏品提供了便捷。

2.1.2 藏品管理人员

博物馆内部的工作部门众多，如果完善藏品管理的数字化，在很大程度上可以提高博物馆内部管理人员的工作效率，使他们能够更加高效地完成各项任务，也更有利于快速地查找和维护藏品。同时，运用信息技术能够更加精准地完成藏品之间的比较、分析和总结，为博物馆管理的良性循环夯实基础。

2.1.3 研究人员

藏品除了具有观赏价值外，还具有深层的研究价值。在某些时候，为深入探究藏品，研究人员需要借调藏品，这使藏品的保存安全存在一定隐患，而且部分藏品本身非常脆弱，不便于研究人员进行更加仔细的观摩、参考和研究，而藏品数字化管理恰恰可以解决这些问题。藏品管理数字化后，研究人员甚至可以在不直接接触藏品的情况下，通过现代信息技术手段对藏品进行观察和研究，无形中提高了工作效率，在一定程度上有利于推动我国文化产业的发展。

2.2 对于大众而言

随着我国综合国力的提升以及文化的发展，人们的精神文化需求更加迫切。近十多年来，参观博物馆的人次呈现逐年上升趋势，并且参观的频率和参观时长也不断增加。但是，地域限制和路程的远近在一定程度上制约了部分观众的参观。而藏品数字化管理将藏品与现代信息技术相结合，可让人们足不出户就能领略万里风光，在线上观赏不同博物馆的藏品，打破地域限制，在很大程度上节约了观赏的时间，且更便于人们随时随地查找自己感兴趣的藏品进行观赏。

2.3 对于国家而言

博物馆承载了整个人类或局部文明的历史记忆和文物遗迹[2]。博物馆内的藏品可以告诉人们，我们从何而来，我们的祖先曾经拥有过怎样的辉煌和历史，我们从历史中又能思考和借鉴什么。

对博物馆的藏品进行数字化、信息化管理，是顺应时代发展和变化的体现，在一定程度上促进保护系统更加完善，有利于保护、保存、继承和弘扬珍贵文物。

3. 藏品数字化的具体实施

博物馆数字化的另一个重要特征即为藏品数字化。博物馆内的藏品附带很多信息，蕴藏可研究资料，是研究藏品极为重要的档案资料。针对自身的情况，制订更加完善的适合本博物馆的藏品管理制度，力求将藏品数字化管理的工作做彻底。在此基础上，利用现代信息技术逐渐形成具有自身特色的藏品档案管理信息化方案。

对于馆内藏品的管理，要建立一个数字化管理系统，以达到对藏品的有效查看和存放。

3.1 建立藏品的数字化档案管理系统

藏品数字化可以实现种类繁多的各类藏品有序分类、排序、编码和藏品的影音介绍，弥补了传统博物馆藏品静态化的不足，更加生动、逼真地呈现藏品的多元化信息。

首先需要做的工作就是将之前的藏品各类原始数据输入新系统，其次对系统内不同的藏品进行分类，奥运藏品种类繁多，根据其特点将所有藏品设计为九大类别：服装、文献、勋章徽章证件、实用器物、旗帜、书刊传单、音像制品、货币邮票和杂项。部分大类又细分出子项，面对众多的分类，设立高级检索便于更准确地分类统计和管理。简单来说，就是要在内部建立一个局域网系统，方便工作人员进行不同藏品的查询和盘查核对工作。

3.2 提升博物馆的科技元素

利用 3D 技术，将博物馆内的藏品采用立体的图像处理技术进行处理，建立、完善资源在全社会的共享系统。让研究人员能够在不直接接触藏品的情况下了解藏品的全貌，方便他们利用网络实时、快速地查找藏品资料，方便开展研究工作。同时，也能方便广大的观众群体利用资源共享系统远程参观馆内的各种藏品，丰富了群众了解博物馆内各种文化的发展的形式和渠道，帮助文化历史能够更广阔地得以继承和弘扬。

部分藏品是无法近距离或者非常清晰地被参观者进行参观、观赏的。针对这一问题，为了让到馆内参观的群众有一个更好的体验，可以利用 VR 技术，让观众产生一种身临其境的感觉。通过 VR 技术呈现藏品，尽可能地让观众"真实地"接触藏品。

在应用藏品数字化管理系统的过程中，使用计算机与科学技术能够增强博物馆的科技含量，夯实科学研究事业的基础。为了能够实现藏品数字化，需要相关工作人员满足更高的要求，不断增强计算机操作能力，并掌握一定的文博专业知识。对于藏品保管部门而言，可立足于标准分类对藏品予以保管，进而让管理者能够有据可依，提升藏品保管区域的秩序性，让其可以在最短的时间内找出藏品，并及时解决管理过程中存在的问题，同时结合计算机所具备的统计功能，将传统模式中需要耗费几天时间的工作高效完成。除此之外，还有利于有效补充和修改相关信息，可以对需要进行修改的相关资料进行正确的修改，通过计算机系统予以合成，进而形成新的数据。另外，也可通过 VR 技术带给参观者视觉方面的冲击。

3.3 构建数字化资源共享

我国在开展博物馆藏品数字化管理工作的过程中，还要竭尽全力将共享和融合的目标实现[3]。就当前的社会环境而言，其中融合和共享占据极为重要的位置，博物馆工作也不例外。因此，要想将博物馆藏品数字化管理工作中的融合和共享顺利落到实处，就需要基于博物馆本身的数字化平台，搭建更加广阔的数字化平台，并整理和上报所有的馆藏信息，从而汇总为完整的全国馆藏资源。为了将此目标顺利达成，国家需要发挥好带头作用。不同博物馆之间的工作人员需要展开讨论和交流，要系统规定博物馆的藏品归纳，从而按照此规定整理数字化管理平台，进而顺利实现博物馆藏品的数字化管理。

总而言之，博物馆作为一个重要的历史文化传承场所，随着时代的进步和科技的发展，新兴技术出现并融入了传统博物馆发展中，在管理过程中不断进行管理方式的创新，将藏品数字化建设作为基础，充分利用好现代信息技术强大的功能，改善博物馆藏品的数字化水平，夯实博物馆信息化及网络化的建设，借助数字化技术，满足社会发展的多方需求，与时俱进地发挥博物馆的文化传播与社会服务职能，更好地推动博物馆在信息化时代的发展与变革。

参考文献

[1] 罗霞：《博物馆藏品管理的几点认识》，《文存阅刊》2018 年第 12 期。

[2] 柳恒、李伟建：《信息技术在现代博物馆藏品管理工作中的重要性探究》，《文物鉴定与鉴赏》2021 年第 14 期。

[3] 封之冰：《数字时代博物馆藏品的管理研究》，《文物鉴定与鉴赏》2020 年第 4 期。

融媒体技术助推教学方式现代化之探究
——从博物馆融媒体技术应用到文博学教学创意设想

孙悦鑫[*]

摘要：融媒体技术在我国现时已普遍运用于高等院校的教育教学过程中，在推进教育现代化进程中具有不可取代的重要作用和独特优势，是时代的必然需求。以针对北京地区博物馆有声展览的调研为例，分析探讨现存问题并提出对策与建议。以该调研结果为切入点和基础，衍生出在历史文博学科中推进融媒体技术融入的展望和创意，以培养出既掌握文博专业知识又懂得运用融媒体技术的复合型人才。

关键词：融媒体技术；文博学；教学方式现代化

现如今，融媒体技术介入博物馆（科技馆）现代化建设，推动其信息化、数字化进程及提升公共服务能力，有着不可替代的支撑作用，并已经成为必然趋势。高等院校以服务社会、为社会培养所需人才为己任，文博学科如何培养适应文博行业需求的

---

[*] 孙悦鑫，北京联合大学应用文理学院应用文科综合国家级实验教学示范中心，北京，100191。

合格人才，是相关教育工作者必须思考和探索的重要课题。本文即为此而进行的一次初步探索尝试。

1. 融媒体技术在教育现代化中的重要作用

1.1 顺应时代的选择

党的二十大提出了我国走中国式社会主义现代化道路的目标。教育现代化是中国式社会主义现代化的重要组成部分，而教育方式的现代化则是教育现代化的重要手段和路径。中共中央、国务院印发的《中国教育现代化2035》，明确了实现教育现代化的发展目标和战略任务，并提出实现发展目标和完成战略任务需要"大力推进教育理念、体系、制度、内容、方法、治理现代化"的具体任务。[1]

而这些任务与基层的教育教学改革有着密切的联系。我们所进行的融媒体技术融入文博学科教学建设的探究，正是顺应了时代需求应运而生的尝试。作为基层的媒体教育工作者，为教育现代化添砖加瓦以及更好地为文博行业培养高素质人才义不容辞。

1.2 不可取代的作用

"融媒体是指广播、电视、报纸、新媒体等多种媒体形式融合的新型媒体。融媒体技术融合了5G、4K/8K、AI、大数据、区块链等多种新技术。"[2] 在当今这个信息技术井喷式发展的年代，传统的图文、音频、视频、纸媒等媒体及其技术已经远远满足不了融媒体技术发展的新需求，必须吸纳、借鉴、整合互联网、云计算、大数据、人工智能等新的电子信息技术，结合传统融媒体的运用，"创造出虚拟式、仿真式、互动式、沉浸式等各种融媒体体验"[3]。

新型融媒体技术在教学中的运用，使教学方式华丽转身，发生了质的飞跃，在推进教育现代化的进程中，发挥着不可取代的支撑和引领作用。

1.3 具有独特的优势

融媒体技术融入教学中新样态的形成，具有独特的优势。

首先，有利于扩大学生的知识保有量。由于融媒体涵盖了多种媒介，通过其技术的运用，可搭建知识多元、视野广阔、互融互通、传播迅捷的大平台，可向学生展示多元化、多视觉、多容量的知识信息，远远超出课本内的知识范畴。在教学中，能使学生获得更多、更广泛、更生动形象的知识建构。

其次，有利于激发学生的学习积极性和自觉性。在教学过程中将融媒体多种功能手段引入教学，强化了教学方式的直观性和形象化，使原先"一块黑板一张嘴"呆板抽象的教学模式变得形象生动，呈现出图文并茂、情景交融、有声有色、感知多样、生动活泼的教学态势。这会令学生耳目一新，大大激发学生对教学的关注度和学习兴趣，提高教学的可接受性和知识的输出效能，促进教学质量的提高。

最后，有利于破解教学难题。在文博等学科教学中往往有不少理论或概念条文比较抽象，难以理解，教师讲得费劲，学生听得吃力。而通过融媒体技术的引入，使一些难点一点就明，一些疑问一看就通，从而实现了教学效果的优化。

综上所述，融媒体技术作为推进教育现代化的重要手段，对其进行探索和实践是时代的呼唤、基层的实际需求，故而是教育工作者责无旁贷之事。

2. 融媒体技术在博物馆中应用的调查研究

在融媒体融入教学的建设中，笔者及所在的应用文科综合国家级实验教学示范中心，首选了文博学科，由笔者牵头，组织了一项专项课题——"北京地区博物馆有声展览现状调查及对策"调查研究，侧重于声音媒体在博物馆中的运用研究，目的是了解媒体融入的现实情况，探究业界对人才培养的真实需求，以便提高培养人才的针对性。调研情况简述如下：

2.1 调研的基本情况

习近平总书记提出"让历史说话，让文物说话，把历史智慧告诉人们"，成为我们开展研究和实践探索的总的指导思想和行动指南。

北京是世界著名的古都和国家历史文化名城，文化资源极其丰厚，仅博物馆就多达逾200家，年展览600余项，藏品总数达1625.5万件。[4] 由此可见，提高博物馆的展出效能何其重要。其中，声音展陈的贡献不可或缺。

课题组选取了北京地区的六大类博物馆：历史文博类、非遗展示类、自然科学类、艺术类、小型特色类和地区综合类。每一类选出1—2家进行实地与线上调查，重点对中国国家博物馆、故宫博物院、首都博物馆等八家博物馆涉及声音内容的展览形式和传播效果进行了梳理汇总和分析研究[5]，总结出以下五点现状和特征：

一是博物馆声音内容的形式有限，但具有吸引力。

二是声音元素与可视化展品的结合广泛且密切，拉近了游客同展品及展示环境的距离。

三是不同类型的博物馆，声音展示的水平存在差异，小型和新型博物馆的声音元素使用情况要好于传统历史文博类博物馆。

四是不同博物馆的网络媒体有声内容千姿百态，有优有劣，参差不齐。

五是融合创意与艺术表现的有声展览值得借鉴。

总体来看是"八仙过海，各显其能"，但发展不平衡，整体水平还有待提高。

2.2 发现的主要问题

北京地区博物馆在有声展览方面存在的主要问题有：

第一是设计单调，如声音元素形式单一，生动复原类偏少，单人语音讲解多、缺少语音效果设计。

第二是缺乏具有个性化与互动性的声音内容，音频资源不丰富。

第三是忽视有声展览的创新及声音环境的营造。在声音的多元展示以及馆内环境的整体营造方面仍属薄弱环节。

第四是既懂博物馆学又懂现代融媒体技术的人才紧缺。

2.3 对策与建议

（1）丰富声音多元形式，发挥其物景还原力。在声音内容挖掘方面可以从横向疏通与纵向延展两个方向提升品质。在声音形式展示方面，可在现有专业人员讲解中，加入人物对白、剧情音效、场景配乐等声效元素。

（2）聚焦镇馆藏品，开发系列化的声音内容。从一个爆品展览的创作开始，摸索出经验与技巧，逐渐开发系列化的声音内容。

（3）强化互动设计，调动参观者的主动探索兴趣。充分利用声音媒介，利用好感应装置及智能语音识别技术，调动用户的主动参与。

（4）借助博物馆联盟，交流有声展览创新成效，相互促进，共同提高有声展览的质量和水平，将声音潜力变为魅力。

2.4 受到的启示

（1）融媒体的声音元素介入博物馆的展览中，让展陈对象更加生动具体地呈现在观众的耳目中，是提升博物馆现代化服务水平的重要载体。调研的事实证明，哪家博物馆有声展览利用得好，展出的整体效果就好，受欢迎程度就高。作为高校的媒体教育人，应当为推广声音媒体技术融入博物馆多做贡献。

（2）应当强化文博类专业师生树立声音媒体介入行业重要性的观念，认识到现代媒体技术运用到博物馆是时代的需求、发展的趋势。学生必须在学校期间就要学习掌握好这种业务，以免走向社会后落伍。教师要不断进行探索，为学生提供新鲜的声音学知识。

（3）重视复合型人才的培养。在文博专业中设置相关融媒体技术课程，作为专业课学习的重要组成部分。学生既要学好文博专业知识，也要掌握相关的融媒体技能，具备解决相关问题的能力，成为社会需求的复合型人才，在走向社会进入行业后，遇到此类工作能做到不认生、上手快、用得上、干得好、受欢迎。

（4）应当加强学生的实践课教学，尽可能多地组织学生到博物馆进行参观学习、调研等社会实践活动，提高学生的认知能力和操作技能，启发思考与创意。在校内要强化实践课的教学环节，实验室要和专业教师紧密配合，上好音频或视频类实践课，并提供好技术支持和良好的设备条件。

以上调研项目获得了2022年"启明星"大学生科技创新创业项目北京市级立项。

3.融媒体技术助推文博学教学方式现代化的设想

上述将融媒体技术融入博物馆展示的调研实践，使笔者受到了启发和激励，产生了继续深入拓展在历史文博类学科教学中融媒体融入的兴趣，酝酿出一些人才培养的新设想和创意。

相关设想包含两方面：

第一，设计创建教学内容的情景化模式，让历史画面重现。利用音频、视频、三维动画、虚拟技术等技术手段让历史情境动态化。

第二，让学生参与有关情景视频的拍摄制作，承担相关的角色，亦演亦学，使学生在获得真情实感的美学感受之余，引发更多对于钻研历史学和文博学知识的兴趣。

下面列举一些融媒体与相关教学有机结合的具体创意：

创意一：让历史人物说话

通过融媒体虚拟仿真等技术模拟塑造出历史名人"真人秀"，让历史人物开口说话，穿越时空，产生既虚幻又"真实"的奇特效应，令学生耳目一新，印象深刻。

例如，让孔子讲《论语》，让张仲景讲中草药，让诸葛亮讲"赤壁之战"，让张骞讲出使西域，让玄奘讲西行取经，让李白、杜甫讲唐诗，让唐明皇讲安史之乱，让李自成讲进北京，让郑和讲下西洋，让郑成功讲收复台湾，让溥仪讲清朝的灭亡……

将人物开口说话的故事拍成视频，画中人物可以虚拟制作，也可由学生扮演。学生自己拍摄，实验室教师做指导，实验室提供相关的设备条件。学生在自我演出中自得其乐并进行理性思考，获得知识，且难以忘怀。

创意二：让文物动起来

通过融媒体技术让文物变"活物"，让静态变动态。包括将人物、动物、实物等制成音频或视频，给人以听觉和视觉的生动体验，在愉悦中领悟历史文化的真谛，享受文化盛宴的乐趣。

例如，让马踏飞燕奔腾飞驰，让踏燕之马离开其基座腾空而起，奔驰嘶鸣，天马行空，一跃千里，然后又缓缓回落到甘肃省博物馆自己的基座上，继续充当起中国旅游文化标志物之国宝级文物的角色。连同铜车、铜兵俑的展示，可启发文博专业的学生对收藏了大量文物的甘肃省博物馆的好奇心，以及学习研究东汉历史文化的兴趣。

又如，让秦兵马俑齐步走、喊口号、唱军歌。兵马俑步伐整齐、歌声嘹亮、口号震天，队伍阵容强大，气势恢宏，好不气派，给人以强烈的感官刺激和心灵震撼。而后，又让兵马俑回到陕西省秦始皇兵马俑博物馆，静静地站立着，充当起世界第八大奇迹的角色。以时空变幻的视频诱发文博专业的学生对秦始皇兵马俑博物馆这个著名博物馆产生向往和探究的兴趣，同时引发学生学习研究秦王朝历史文化的兴趣和积极性。

再如，让壁画从墙上走下来，让敦煌彩塑壁画中的飞天艺术形象如著名的反弹琵琶等舞蹈从墙上跳到地面，跳到人们的眼前，翩翩起舞，轻盈飘散，绚丽夺目，唤起人们对飞天的憧憬，给人以美的享受和中国古代厚重的文化艺术熏陶。

创意三：让场景形象化、立体化

通过融媒体技术，使一些著名的历史场景、历史事件、历史故事等画面再现于当今，使人产生身临其境的感觉。通过拍摄微电影、短视频等作品，让历史上的国度、不同朝代的地理地貌、人物活动场景、所发生的重大事件等真实再现，活灵活现。

例如，让《清明上河图》"真实再现"，用三维动画虚拟仿真技术还原出北宋时期的著名场景，让画面可动可静，栩栩如生，画面中展示出北宋的城市繁华、人们生活的情趣，包括文人的情调、工匠的技艺、美食文化、街头艺术等，千姿百态，绚烂夺目。也可让学生扮演画中人物，演在其中，乐在其中，感知在其中，收获在其中。

创意四：让古代生产生活状态还原呈现

通过融媒体技术处理，将中国古代重大的发明、精湛的制造术、丰富的生活娱乐场景等视频化。

例如，将古代的造纸术、冶炼术、印刷术、陶瓷烧制术、青铜铸造术、火药制作术等技术创造视频化；将情景剧的表演、服饰复原真人表演、古代礼仪表演、编钟古乐演奏等视频化。也可组织学生来演示，让学生亲身感受，动态体会，夯实理性认知，有实感，难忘怀。

4. 结语

融媒体技术引入教育领域，改变了传统的教学模式，越来越发挥着不可替代的重要作用，为教育现代化带来了新生机和新活力。

展望未来，融媒体技术支持和推进文博学科教学方式现代化要做的事情还很多，任务还很艰巨。作为教育工作者，培养既懂得文博专业知识又会运用融媒体技术的复合型人才，任务紧迫，任重道远。

随着人们不断地探索与实践，融媒体技术在今后必将为教育现代化和博物馆领域的改革发展带来更大的希望和更多的成果。我们乐此不疲，并将为此不懈努力。

参考文献

[1]《中共中央、国务院印发＜中国教育现代化 2035＞》,《人民日报》2019 年 2 月 24 日第 3 版。

[2] 孙华斌:《广播电视融媒体技术发展及应用》,《电视技术》2022 年第 12 期。

[3] 唐铮:《在党史学习教育中发挥融媒体优势》,《求是》2021 年第 7 期。

[4] 曾瑞鑫:《204 家博物馆助力北京博物馆之城建设,"去博物馆"成新风尚》,《新京报》2022 年 7 月 25 日。

[5]Zhou Zihan,Li Zhengyan,Pan Tailin,Li Jian,Sun Yuexin, "Investigation of the Current Situation of Museum Audio Exhibition in Beijing Area and Countermeasures", *SHS Web of Conferences,* 2023, p.158.

主题三

博物馆（科技馆）公共服务市场化改革

浅析数字化观众研究对提升公共服务水平的作用
——以重新恢复开放的博物馆为例

芦 冉*

摘要：电子与互动媒介随着时代不断发展，"互联网＋博物馆"的模式已经逐渐走入大众的日常。我们可以有效地使用数字化技术，建立线上预约购票系统、数字化语音导览体系、数字化观众留言平台，收集并分析观众群体的数据、留言，及时传达到馆内，有效整改。本文主要以一个经过五年修缮后重新开放的博物馆为例，探讨利用数字化的手段，通过观众研究如何来提升公共服务水平。

关键词：数字化预约平台；数字化语音导览；数字化观众留言；观众研究；公共服务水平

提到博物馆，多数人对其认知存在一个误区，认为博物馆仅仅是一个艺术品，或是作为一个保存文物的场所。早期的博物馆作为陈列室、展览会，受众群体皆是有钱

---

* 芦冉，北京艺术博物馆，北京，100081。

有地位者。随着时代文明不断更迭，如今的博物馆以平等、民主、文化多样为特点，走大众化的亲民路线，除了展示藏品，还增加了许多宣教职能。信息与互动媒介随着时代的不断发展，渐渐走进了人们的生活，走进了博物馆。如何利用数字化的手段，通过博物馆的观众研究来提升公共服务水平，是本文探讨的主要问题。

1. 北京艺术博物馆开馆前数字化观众研究情况

北京艺术博物馆坐落于明清古刹万寿寺内，1987年正式建馆，隶属于北京市文物局，是北京地区的一座综合性艺术类博物馆，占地面积34000平方米，建筑面积12000平方米。2006年被国务院公布为全国重点文物保护单位。2018年3月至2022年6月，北京艺术博物馆对万寿寺进行第五次大规模修缮，历时五年。随着新媒体技术的不断发展，"互联网+博物馆"的模式已经逐渐走入观众的日常，但因闭馆修缮的因素，开馆前北京艺术博物馆的数字化应用在对外开放方面存在许多不足：第一，未建立数字化线上参观预约服务；第二，电子语音导览系统缺乏；第三，展厅内缺乏多媒体观众互动方式；第四，仅设有纸质留言本收集观众信息。

2. 建立数字化预约平台

在2022年9月16日开馆前，与美团合作建立起北京艺术博物馆观众参观预约平台，观众可通过美团客户端、大众点评客户端、微信小程序进行线上参观预约购票。通过查看后台数据可直观掌握每日票池总数、实际到馆总人数、门票收入以及统计各类享受优待票的游客数量。这种通过数字化方式来收集观众参观信息的形式，可直观看到我馆在正常开放期间接待不同年龄段的游客数量、观众较集中参观的日期和时间段、是否具有亲子关系等，可进行深入分析。

2.1 观众（游客）群体分析

2022年9月16日—2022年12月31日期间，游客年龄段集中在31岁~60岁区间，占比为72.66%；女性游客占比高出男性游客占比21.36%；亲子群体占比为57.37%；学

生群体占比为3.65%。（见图1，数据来源于预约系统后台）

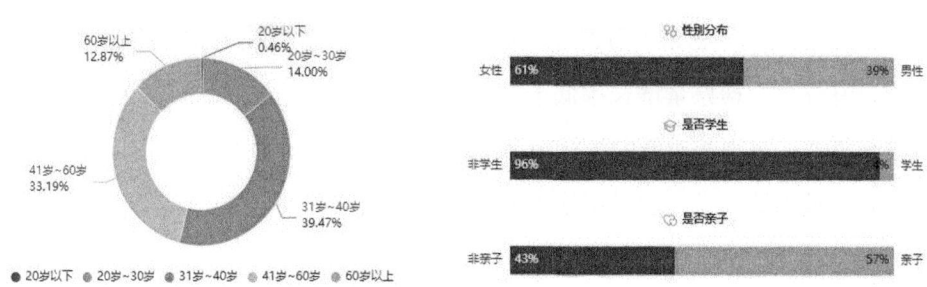

图1　2022年开放期间游客群体分析

2023年1月1日—2023年3月31日期间，游客年龄段集中在31岁～60岁区间，占比为70.12%；女性游客占比高出男性游客占比31.16%；亲子群体占比为51.52%；学生群体占比为8.86%。（图2，数据来源于预约系统后台）

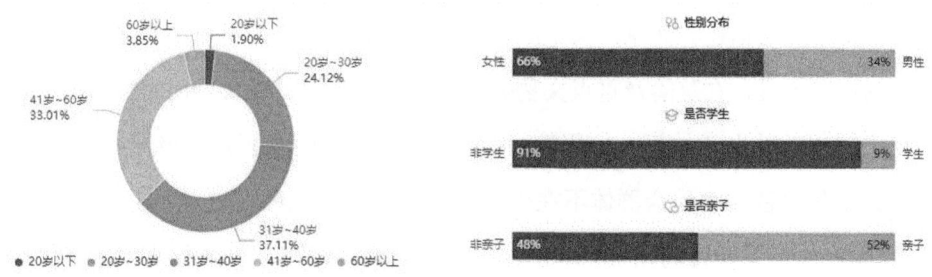

图2　2023年第一季度游客群体分析

通过分析线上数据，发现来我馆参观的群体主要为女性成年人携亲子群体居多，学生群体来馆较少。结合来我馆参观实际情况分析，我们观察到不同代际和父母不同角色的差异，父亲与爷爷奶奶辈成年人携亲子群体偏重让孩子独自投入社教活动，自己却兴致缺缺。母亲携亲子群体更喜好与孩子一起投入社教活动，共同参与，最后活动的反响极高。父母是孩子最好的教育者，通过上述两项数据也让我们社教工作者更多思考在未来社教活动的设置上，能够更多地增加让监护人与孩子共同完成的活动体验，从而促进亲子关系，增加知识获取，增进文化传播。

2.2 竞争分析

2022年9月16日—2023年3月31日期间，通过与同城市同品类范围内的景区相比较，北京艺术博物馆（万寿寺）的线上浏览用户数、线上购买率高于大盘均值，客单价、好评率、检票量增长率低于大盘均值。其中表现最好的指标为线上浏览用户数，排名第八，表现相对低的指标为客单价，排名第59。由此数据可看出闭馆修缮五年后重新开放的博物馆，通过网络平台做好展览展示、宣传推广十分吸引广大观众的关注。（数据来源于预约系统后台）

3. 建立数字化语音导览系统

我馆将RFID技术应用于自助语音导览器，观众可通过手机扫码自助租赁语音导览器。RFID即无线射频识别技术，在博物馆开放区域的各个点位设有无线发射器，观众手持语音导览器每到一个点位通过无线射频识别技术实现自动播放该区域的古建筑或文物语音讲解。我馆还与北京广播集团有限公司动听调频分公司合作"北京艺术博物馆有声博物馆"项目，在院落及重点文物旁贴有二维码标识，观众可使用微信扫一扫，便会自动跳转"听听北京之声"小程序，可以免费收听线上语音导览介绍。从重新开馆至现在，数字化语音讲解受众群体不在少数，截止到2023年3月末，自助语音导览器共计租赁3408单，平均每周租赁170次。通过观众调查研究，一部分使用数字化语音导览的观众认为"数字化语音导览自主性强，无须与人工讲解团体挤在一起""随意性强，因为是播放录制好的讲解词，不限制使用时间，可以慢慢逛，反复听自己感兴趣的内容""社交恐惧症人必备，能够实现独处时安静地逛博物馆，获取知识"。

4. 数字化多媒体展厅观众互动

开馆时建立了数字化多媒体放映厅，以视频形式播放我馆修缮工程、修缮见闻、与电视台合作拍摄的博物馆类科普节目等，在"吉物咏寿"馆藏文物寿文化专题展厅播放清朝祝寿庆典的数字动态演示，直观地吸引观众的注意力与兴趣，从而传达我馆和古建筑的各类信息。在书画展厅放置数字显示屏，观众通过触摸屏幕上的"电子文物图片"激发兴趣，进而更加深入了解展厅文物知识。

5. 观众留言阅办制度

这次开馆后，我们不仅保留了原有的展厅纸质留言本和对外电话咨询，还增加了线上后台留言系统，其中包括微信与微博公众号的推文评论和后台私信、美团和大众点评的后台留言等。观众留言阅办制度，流程包括收集观众反馈的建议、指出的不足，及时进行内容登记，与各部门工作人员共同协作解决，最后给观众一个处理结果的反馈。

目前北京艺术博物馆共应用三种观众留言阅办方式

5.1 咨询服务中心与展厅留言簿

开馆前建立了咨询服务中心，主要提供人工现场登记购买门票、租借雨伞和轮椅、自助存包等服务。游客可在此处与工作人员面对面交流，提出意见或建议，工作人员会及时做好留言登记。我馆在三个游客较多的常设展览展厅内放置观众留言簿，每周会有专人进行留言簿更换、整理、登记，争取以最高的效率获取每一位游客的宝贵建议。

5.2 咨询服务热线

公示对外咨询服务热线，是老年观众最常用的咨询方式，占 80% 的观众热线咨询"是否开放问题""如何预约问题"等。数字化发展日新月异，但对于老年观众群体来说，电话热线是必不可少的对外咨询回复的途径，因此我们也对这类电话咨询内容及时进行回复、登记、解决、反馈。同时，在预约检票处我馆公示了值班领导的投诉专线，时时刻刻监督提醒着我馆工作人员的各项服务工作。

5.3 数字化媒体平台

数据是用于科学研究、技术设计、查证等的数值，具有直观的比较意义。

我馆数字化观众研究数据主要包括微信、微博对外发布信息平台的留言，美团、大众点评对外预约购票平台的留言。观众留言既能解决游览博物馆时遇到的各类问题，又可以在整理留言的同时，分析观众对于博物馆感兴趣和关注的方向，从而更好地为我们研究博物馆观众心理提供有效依据，进而提升公共服务水平。（表1和表2，数据来源于预约系统后台）

2022年9月16日—2022年12月31日期间，北京艺术博物馆"问大家"功能中浏览次数最多的问题如下：

表1 2022年开放期间后台浏览次数最多的问题

提问内容	提问时间
周三免费票预约提前几天可约？为什么根本找不到预约通道？	2022-10-13 09:44:41

2023年1月1日—2023年3月31日期间，北京艺术博物馆"问大家"功能中浏览次数最多的问题如下：

表2 2023年第一季度后台浏览次数最多的问题

提问内容	提问时间
没有提前预约，可以去了现场再买票吗？	2023-02-03 23:19:19
现在还可以在红色的祈愿牌上写名字祈福吗？	2023-03-12 11:42:47
没带身份证可以进吗？	2023-01-30 13:28:47

通过观众留言分析，我们在前期刚开馆的时候收集观众问题最多的就是"如何预约""如何购买免费票"等内容，观众普遍将关注点放在门票预约方面。针对这一问题，我们立刻调整对外公示内容，增加门票预约图示指引牌，每日专人辅助预约，与美团负责人讨论如何优化预约系统等。（表3至表8，数据来源于预约系统后台）

2022年9月16日—2022年12月31日期间，曝光最多的一条评论被浏览498643次，如下：

表3 2022年开放期间曝光最多的评论

名　　称	内　　容
评论时间	2022-11-04 10:33:05
评　分	5
评论内容	非常不错[强]我是周三去的，网上预约，免门票，但是你得提前一周约，要不就约满了，这里院子挺大，修复前是个寺庙，以前是给慈禧祝寿的地方，也叫万寿寺，还有一些殿没有开放，现在是博物馆，讲述了藏传佛教与汉传佛教的历史，很长知识！

评论热词整体情况如下：

表4 2022年开放期间评论热词整体情况

北京艺术博物馆（万寿寺）			
热词名称及提及次数	占比	热词名称及提及次数	占比
游玩体验好/项目好玩 (375)	12.2%	面积太小 (74)	2.4%
游玩设施/建筑好 (201)	6.5%	开放项目少 (49)	1.6%
整体满意度高 (194)	6.3%	园内拥挤 (48)	1.6%
项目种类丰富 (181)	5.9%	停车不便 (45)	1.5%
交通便利 (143)	4.7%	游玩体验差/项目不好玩 (24)	0.8%
有复购意愿 (133)	4.3%	停车位少 (17)	0.6%
网络预购时间合理 (119)	3.9%	项目数量少 (14)	0.5%
项目数量多 (117)	3.8%	整体满意度低 (9)	0.3%
园内不拥挤 (116)	3.8%	工作人员服务态度差 (7)	0.2%
面积合适 (97)	3.2%	交通不便 (6)	0.2%

评论数环比变化① 如下：

表5 2022年开放期间评论数环比变化

景区	好评			中差评			好评率		
	新增评论数	环比变化	环比变化率	新增评论数	环比变化	环比变化率	好评率	环比变化	环比变化率
北京艺术博物馆（万寿寺）	873	737	541.9%	40	29	263.6%	95.6%	3.1%	3.4%

2023年1月1日—2023年3月31日期间，曝光最多的一条评论被浏览128220次，如下：

表6 2023年第一季度曝光最多的评论

名称	内容
评论时间	2023-01-05 00:14:39
评分	5
评论内容	这么多年终于开了，替现在的孩子们感到开心，能生活在京城家门口就有这么多牛掰的古寺建筑欣赏！审美和格局从小就培养 [糖果]\n 一定要提前预约！很难抢！\n 里面十分震撼，修缮工程浩大！面积也很宏伟 \\n 最喜欢的是后院古寺里的几百年银杏树，太美了！

---

① 环比变化（率）：表示连续两个统计周期（如连续两月）内的量的变化比。环比变化＝本期数值－上期数值，环比变化率＝环比变化/上期数值×100%。

评论热词整体情况如下：

表7　2023年第一季度评论热词整体情况

北京艺术博物馆（万寿寺）			
热词名称及提及次数	占比	热词名称及提及次数	占比
游玩体验好/项目好玩 (248)	11.1%	园内拥挤 (52)	2.3%
项目种类丰富 (169)	7.5%	面积太小 (42)	1.9%
整体满意度高 (150)	6.7%	开放项目少 (35)	1.6%
项目数量多 (129)	5.8%	停车不便 (27)	1.2%
游玩设施/建筑好 (123)	5.5%	游玩体验差/项目不好玩 (9)	0.4%
有复购意愿 (116)	5.2%	项目数量少 (8)	0.4%
网络预购时间合理 (102)	4.5%	停车位少 (7)	0.3%
交通便利 (91)	4.1%	项目排队时间长 (6)	0.3%
景观优美 (71)	3.2%	服务设施不足 (6)	0.3%
面积合适 (56)	2.5%	网络预购时间不合理 (5)	0.2%

评论数环比变化如下：

表8　2023年第一季度评论数环比变化

景区	好评			中差评			好评率		
	新增评论数	环比变化	环比变化率	新增评论数	环比变化	环比变化率	好评率	环比变化	环比变化率
北京艺术博物馆（万寿寺）	1034	188	22.2%	71	32	82.1%	93.6%	-2%	-2.1%

本研究采用统计、分类、组合、比较和分析的方法，通过收集半年多对外开放观众的留言数据，可推论观众对于基础设施类的关注转变为更注重对于参观体验方面的重视。并且从电话咨询、后台留言等方面，侧面印证了多媒体平台的使用已经成为广大观众了解博物馆最有效的一个途径。游客可在平台中了解博物馆的一些规则、一些注意事项，通过留言评论、攻略分享的方式，建立一种游客与游客之间、游客与博物馆之间的信息交流和传播平台。那么作为博物馆方，我们可以有效地使用数字化平台，收集并分析观众留言，及时传到馆内进而高效整改。通过表3至表8的对比分析，可发现我馆的公共服务水平正在逐渐提升，观众的需求也从票务等物质层面到审美等精神层次不断递进。

6. 结语

博物馆社会教育工作的对象是观众，直面观众会遇到各式各样的问题。我们对一部分观众群体保留传统的信息采集手段，同时使用数字化网络平台做好展览展示、宣传推广、观众交互等工作。传统与现代科技共同作用，全方位打开观众与博物馆之间深入交流的视角，力求提升我馆各项公共服务水平及工作效率，努力为观众提供一种特别的、难忘的、愉快的参观体验。

浅析基于二次开发的业务系统建设

陈静静[*]

摘要：一般国内大型企事业单位的财会综合管理平台，都是先从财务人员的内部财会管理系统建设开始，然后逐步扩展至预算管理、预算执行等环节，从而形成全流程管理平台，其中会牵涉到复杂的软件功能的更新、扩展与整合。通常财会管理功能在各单位间都比较通用，但涉及预算管理、预算执行的业务流程时，一般各企事业单位的差异较大。因此，基于成熟财会管理软件进行二次开发，以建设全流程管理平台是较常用的方案。本文以二次开发的一些普遍规律为研究点，结合故宫博物院预算编报与执行系统的建设过程，对其中应该遵循的原则、需求的控制问题以及相应的解决方案进行详细阐述。

关键词：二次开发；财务会计软件；预算管理

---

[*] 陈静静，故宫博物院，北京，100009。

1. 系统建设的三种方式

企事业单位建设软件系统时一般有三种方式：开发定制软件、购买产品软件、在购买产品软件基础上进行二次开发。这三者各有优劣，适用不同的用户群体。

定制软件是按照客户的个性化需求定制开发的产品，在业务需求上可以实现与客户实际情况的完美贴合，而且企业对定制软件拥有很强的控制力，能够根据业务的发展，及时对系统进行调整和变更。当然，定制软件的缺点是成本高昂，而且开发时间也会较长，同时客户要清楚地知道自己的需求和解决方案。[1][2]

产品软件是软件公司已经开发完成或市场上已经在运营的产品。成型的产品，特别是有一定案例的产品，有了丰富的业务积累，能够在一定程度上很好地解决业务需求，系统也相对成熟和稳定，而且产品软件成本低，上线时间快。产品软件最大的风险，即无法与客户的业务流程实现完美贴合。客户需要调整自己的业务流程来适应产品软件[6]。

产品软件的二次开发就是在现有产品软件的基础上，针对客户的个性化需求进行的开发。二次开发的软件继承了原产品功能和业务积累，解决了个性化需求不能满足的问题。但是二次开发也不是完美无瑕的模式，在某些情况下二次开发受产品软件框架的限制，不能完全贴合用户管理流程。[3]

三种软件系统建设方式适合的场景不一样。规模小、信息化处于起步阶段的企事业单位适合用产品软件。使用产品软件成本低，小型单位人员工作岗位比较灵活，可以主动调整以适应产品软件的流程、管理模式。专业性强或不太通用的业务软件由于在市场上没有成熟的产品，可以采用定制开发的方式。对于待开发系统主要业务与已有产品软件业务功能交叉较多的情况，可以采用二次开发的方式，既能利用产品软件的成熟、稳定功能，又能满足单位自己的业务需求。

2. 系统建设分析

故宫博物院从 2009 年开始陆续建设使用采购管理系统、预算管理系统等财务系统。采购管理系统是用于财务报销的系统。当时由于使用年代比较早，市面上没有成熟的产品，采购管理系统和预算管理系统是定制化开发的。经过十多年的使用，老版的系统越来越不能满足日益增长的业务和管理需求。故宫博物院于2020年开始建设将采购管理系统、预算管理系统合二为一的预算编报与执行系统，即故宫的财会综合管理平台。由于存在着大量的个性化业务流程，所以系统建设方案只能在定制化开发和基于成熟产品的二次开发两个方案中选择。故宫博物院最终选用了后者。下面是对两个方案优缺点的具体分析。

2.1 定制开发的优缺点

如果采用定制开发，预算编报与执行系统的功能会更贴合实际业务管理需求，可以满足一些个性化的需求。例如，用户使用系统来进行财务报销时，需要分两步走，先起草采购申请单，部门内部逐级审批后提交财务处和院领导审批。采购申请单审批通过后用户填写支付凭单直接提交财务处审批，支付凭单审批通过后用户拿着纸质材料去财务处报销即可。财务人员涉及对采购申请单和支付凭单的审批。老版定制的采购管理系统单做了一个入口来处理支付凭单的审批，使两类单据分开审核处理。财务人员处理公务时一目了然。

定制开发也有它的缺点，定制化的系统由甲方提需求，乙方开发。专业性强的系统需要甲乙双方具备行业的基础知识和专业背景[4]，所有功能都要自己来考虑，要有相应的解决方案。开发结果会严重依赖于项目的执行人员，从而给项目的长远发展带来不确定性。

2.2 二次开发的优缺点

预算编报与执行系统是原来的采购管理系统、预算管理系统的合并，其主要业务包含在市场上常用财务管理平台中。如果选用成熟产品软件进行二次开发，可以继承产品的强大优质基因，充分利用其包含的行业理念与前沿技术，有利于产品的长期稳定。[5]

产品软件二次开发也有它的缺点。产品软件二次开发受产品软件本身的限制，有些功能不能通过二次开发实现。例如，采购申请单需要经过科级、处级领导审批后提交财务处审批。老版定制化的系统中采购申请单的内容科级、处级领导都可以修改，提交到财务处后内容就不能修改了。但现有产品软件中，流程设计是基于各企事业单位通用模式，采购申请单只有起草人能修改，领导发现问题只能退回给起草人修改，降低了办公效率。

3. 系统的基本框架

3.1 产品软件

故宫博物院预算编报与执行系统最终选择基于用友A8协同管理软件进行二次开发。一个原因是用友软件市场份额大、行业优势明显，另一个原因是现有财务部门使用的就是用友U8财务会计软件，新系统方便对接。用友A8协同管理软件实现了以工作流为核心，以智能表单、公文管理、知识管理、移动应用等多种应用与技术手段，实现对组织和业务管理的支撑。

3.2 二次开发内容

预算编报与执行系统的系统内核、整体框架、技术架构等采取产品软件已有模式，二次开发中对系统功能进行扩展。

预算编报与执行系统继承了用友财务产品的五大引擎：业务引擎、预算引擎、报表引擎、数据集成引擎、智能账务引擎。五大引擎增强系统配置灵活度，减少开发。基于此，定制开发了大量功能模块，具体有基础资料模块、绩效指标库模块、项目模块、预算编制模块、预算执行模块、出纳模块、收入管理模块、发票管理模块、自动账务模块、归口管理模块、数据分析与展示模块。

预算编报与执行系统要实现项目的申报和审批、预算的编报和审批以及绩效指标的建立、监控和自评，各模块之间按照内控要求进行逻辑关联和控制。增加收入管理模块，各部处以业务单据形式填报实际收入情况。增加借款管理功能，借款通过线上进行授权、提报、审批。系统解决故宫项目和基本支出的报销问题，严格把控"有预算才能支出"的原则。

4. 系统开发过程中的经验

4.1 二次开发的注意事项

二次开发是在已有产品软件基本框架之下进行产品软件定制化设计与开发，其过程中既要考虑到个性化定制的需求，又要保证原有产品软件的核心原则不能改变。因此，其开发过程应当特别注意二者的平衡关系。我们总结的二次开发需要遵循的原则主要有以下几点：

（1）保持数据结构独立性与规范性，以最大程度保障后续可升级空间。二次开发的模块不应修改产品已有数据对象，新建数据对象应尽量遵循原产品命名规范，最大限度地保障产品的可升级性。

（2）保证数据一致性与合法性，达到与原产品设计的同一性。设计过程中应考虑二次开发模块与相关产品模块数据的一致性。尽量采用产品开发的业务组件操作数据库记录，保证数据的完整性、合法性。

（3）坚持产品化原则，实现二次开发模块的通用性。对于可以产品化或插件化的二次开发需求，设计时要考虑二次开发模块的通用性。二次开发模块要达到易安装、易使用、易维护的设计要求。采用与产品模块一致的开发语言，遵循原平台软件的代码规范。

遵循这些原则对项目双方都有利。项目需求方能增强对后续产品升级的保障。项目提供方则通过产品化定制模块扩充了自己的业务逻辑空间。

4.2 二次开发需求的控制

二次开发的需求管理、需求变更应有合理的控制，既要满足客户的实际定制化需求，又不能破坏原来系统的核心原则与设计模式。产品二次开发模式中用户需求需要科学管理，建设方提出的需求由承建方进行分析、细化，并按规范详细描述后形成"软件需求规格说明书"文档，作为系统后续开发、验收的依据。

在项目实施过程中，不管初期如何细致地形成需求文档，后期的变更还是不可避免的。在使用软件后，客户会提出诸如操作习惯、操作效率、功能流程甚至界面美观等各个方面的新要求。虽然变更是不可避免的，但对任何变更都应进行严格的管理与控制，尽量减少不必要的变更。

用户的任何一块管理内容落实到实操上都可以变得很复杂，详细需求的描述变数也将非常多。另外，每个单位都有自己的文化特点，甚至有一些内部"行话"，在描述需求内容时要考虑好这些。描述好需求并不是结束，需要进一步描述出这些需求在软件中的处理，并且双方要对这些处理达成一致才行。这些工作在每一个功能模块的开发之前由双方再敲定一下比较好，这样可以减少开发完成后的需求变更。

合同签订之前约定出哪些是项目需求范围，描述清楚项目的详细需求内容，并取得双方的一致理解与认可，对推动项目建设有着不可估量的正面意义。项目推进过程中需求变更的界定双方也要达成一致。

5. 系统实现与应用效果

5.1 系统技术架构

系统访问方式升级为与"i故宫桌面"相同的Chrome浏览器，增强故宫信息系统平台体验的一致性。生产环境采取完备的热备份方案，提高系统稳定性、数据安全性。整体系统架构如图1所示。

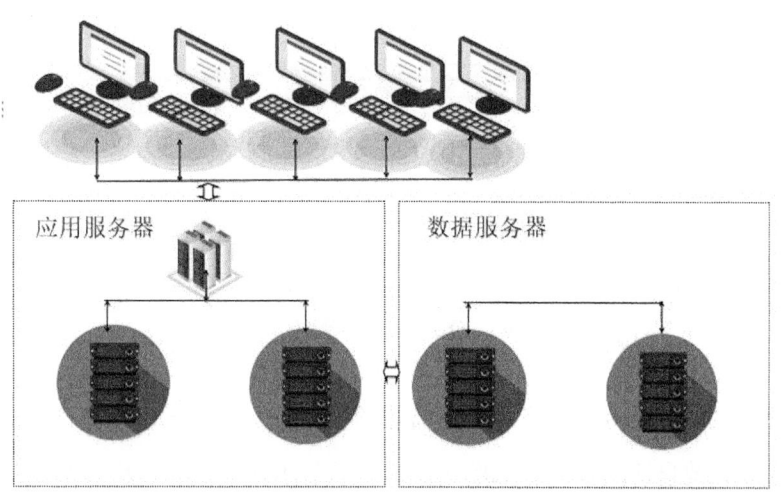

图1 预算编报与执行系统架构图（图片来源：项目总结材料）

5.2 系统应用效果

故宫博物院预算编报与执行系统于 2021 年 3 月上线使用。系统支持完成全院 2021 年几百个项目的预算编报、近千次的预算调整工作；完成全院 2021 年 3000 多次采购申请的提报与审批，3000 多张支付凭单的提报与审批；完成全院 2021 年几百个收入单的提报与审批。另外，系统实现了预算绩效监控、内控要求、多样数据查询、系统间的整合关联。

5.2.1 加入预算绩效，建立项目预算全周期的绩效评价体系

（1）建立院内绩效指标库，预算处统一管理。截至 2021 年，系统中已有绩效指标 790 项。

（2）项目立项时引入项目绩效指标设置，年度预算编制时进一步设置细化的项目年度预算绩效目标。如图 2 所示，项目立项时需从院内绩效指标库引入指标，编制项目年度预算时需要填写要完成的指标值。

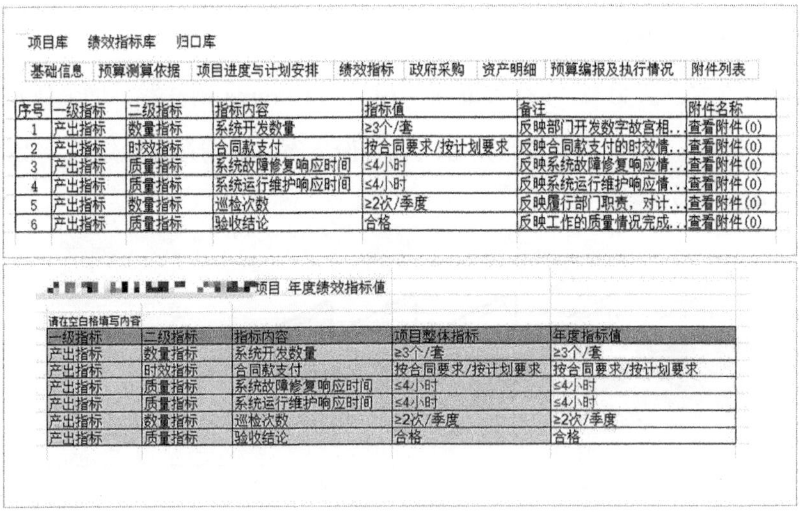

图 2 项目立项绩效指标引入界面及项目年度绩效指标值填写界面
（图片来源：预算编报与执行系统截图）

（3）预算执行过程中，系统可定期监控预算绩效执行情况或年度预算执行完毕后系统提供预算绩效自评的方法。如图 3 所示，项目申请人在系统中填写绩效指标自评信息后，逐级提交，系统自动汇总。

主题三：博物馆（科技馆）公共服务市场化改革

2021年项目支出绩效自评表							
项目名称							
主管部门	文化和旅游部		实施单位	故宫博物院			
项目资金	全年预算数		全年执行数		分值	执行率	得分
					10	0.00%	0
年度目标实际完成情况							
一级指标	二级指标	指标内容	年度指标值	实际完成值	分值	得分	偏差原因分析及改进措施
		总分			10	0	

图3 绩效自评表（图片来源：预算编报与执行系统截图）

5.2.2 引入内控指标，实现多维度的内控管理

系统内嵌审计内控要求，如图4所示，具体体现在项目绩效指标控制、预算编制控制、预算执行控制、政府采购控制等四个方面。

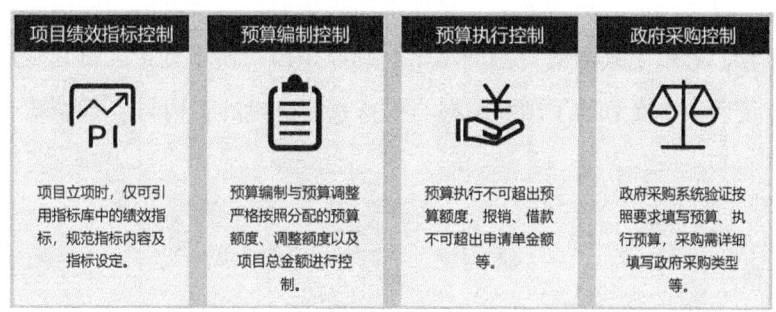

图4 系统在内控维度的体现（图片来源：项目总结材料）

5.2.3 集成多样化数据展示，数据赋能管理

系统提供多样数据查询：首页图形化数据面板展示预算编制与执行关键指标数据，数据页以数据表格样式展现详细财务数据，分别满足管理者、财务用户、普通用户等有针对性的数据查询要求，为管理赋能。

5.2.4 贯通全院主要平台，加强系统整合

预算编报与执行系统的项目、预算编制、绩效、预算执行（采购报销）四大主要模块天然贯通。如图5所示，财务角度，勾稽关联合同数据，勾稽U8账务系统推送财务凭证，向薪资系统推送院内人员劳务报酬数据；平台角度，系统多接口与"i故宫

桌面"系统、人力系统、档案系统等进行较为紧密的数据整合。

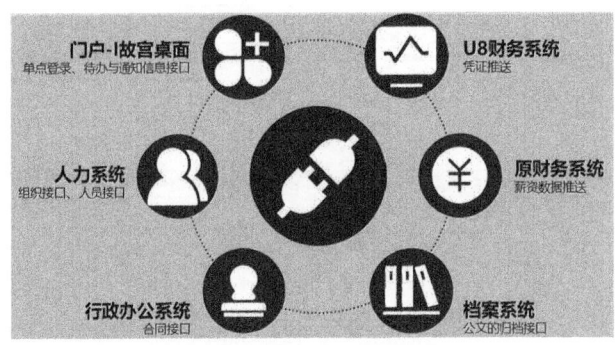

图 5　预算编报与执行系统与其他系统的关系图（图片来源：项目总结材料）

6　小结

本文首先探讨了常见的软件系统的三种开发模式与各自的优缺点，以故宫博物院预算编报与执行系统的建设为场景，具体分析了可能的开发方法与原因。其次根据二次开发的过程，总结了其需要遵循的基本原则以及进行需求分析，特别是需求变更控制的经验。最后，本文总结了预算编报与执行系统建设的架构与应用效果。

参考文献

[1] 罗昱：《浅谈大规模定制的软件开发模式》，《电子制作》2013年第14期。

[2] 李昍旻：《论定制化软件开发项目的质量管理》，《中小企业管理与科技（中旬刊）》2018年第8期。

[3] 沙滩：《软件定制：造就了一把双刃剑》，《软件和集成电路》2001年第10期。

[4] 谢勇：《软件人才定制说》，《软件和集成电路》2003年第7期。

[5] 王舒、李佳骏：《定制协同办公软件系统》，《电脑知识与技术（学术版）》2018年第24期。

[6] 杜香和、吴春祥：《企业信息化中的通用软件产品与定制开发软件的选择策略》，《黑龙江科技信息》2016年第29期。

博物馆数字化展厅运维方案设计与实施
——以"文化国门—故宫印象"展厅为例

荣 理[*]

摘要：本文从北京首都国际机场 T3 航站楼的"文化国门—故宫印象"数字化展厅运维方案设计与实施的案例展开，列举了该展厅运维过程中面临的四个典型问题。通过对这些典型问题的分析，结合以往对数字展厅运维的经验，以及该展厅自身的特点，设计出一套具体的运维方案，并实施此套方案来运维该展厅，以此解决了展厅所遇到的问题。通过该案例，展现了数字化展厅运维从遇到问题、分析问题到解决问题的过程。

关键词：博物馆；数字化展厅；运维；方案

故宫博物院于 2012 年在北京首都国际机场 T3 航站楼 T3-E 国际出发候机区 E19 登机口附近建设了"文化国门—故宫印象"故宫主题数字化展厅，于同年对外开放展览，又于 2018 年年初，对上述展厅进行了升级改造建设，更新了数字展示媒介平台，

---

[*] 荣理，故宫博物院，北京，100009。

增加了大量新近制作的数字展品，同时优化了展厅布局，对展厅结构进行了合理调整。与此同时，展厅在信息化运维方面也进行了改进。在不断摸索中总结设计出一套对该展厅的运维方案，并进行了实施。通过此套运维方案，可以减少实际运维中面临的困难，使展厅设备可以更高效、更稳定地运行，提升观众的参观体验感受，同时能为运维的管理提供便捷，有效地提高展厅设备的使用寿命。

1. 数字化展厅典型问题分析

"文化国门—故宫印象"故宫主题数字化展厅从开放至今，由于设备软硬件和展示项目都需要定期更新等原因，展厅一直都会出现各种各样新的问题，所以整个运维的过程是一个"不断发现问题"和"不断解决问题"的过程。下面针对从展厅开放伊始至今，在运维过程中遇到的四个典型的问题来进行分析介绍。

1.1 展厅设备运行时温度偏高

"文化国门—故宫印象"数字化展厅位于北京首都国际机场 T3 航站楼内，由于展厅所处位置的原因，机场为了安全起见，要求不能使用大功率制冷制热设备，所以导致展厅内无论是展览展示设备还是中心机房设备，运行一段时间后，设备温度往往会偏高。在这种情况下，不仅设备容易发生故障，更严重的可能会发生爆炸，甚至引发火灾等。

1.2 设备发生故障后响应慢

展厅中部分设备为老旧设备，且多数为交互性展示项目，由于部分观众暴力操作或者设备长时间展示等原因，都会造成设备出现死机、弹出桌面等故障。这种情况在所难免，但相关运维工作人员往往不能在第一时间发现并进行处理。若出现故障的设备长时间无人修复，往往会对展厅中参观的观众造成不良的体验。

1.3 实时人流量过大

"文化国门—故宫印象"展厅位于北京首都国际机场 T3 航站楼 T3-E 国际出发候

机区 E19 登机口附近。T3 航站楼国际出发候机区 E19 登机口客流量巨大，该展厅免费开放且无须预约，所以展厅内经常会有不少的途经旅客进来参观。但当短时间涌入大量的参观观众时，展厅中观众的实际体验并不好，同时对展览展示设备密集频繁的操作，也可能对设备造成一定的破坏。再者，相对不大的展厅空间，特别容易发生踩踏事故。

1.4 未设立紧急情况应急处理方案

展厅应当设有相对齐全的应急设备和完善的突发事件处理方案。一旦发生紧急突发事件，如若处理不当，不仅会造成经济损失，还可能危害到展厅参观观众和工作人员的人身安全，对展厅造成重大的声誉损失，所产生的后果不堪设想。

2. 运维方案的设计与实施

通过分析上述数字化展厅面临的典型问题，结合以往对数字展厅运维的经验，同时结合"文化国门—故宫印象"故宫主题数字化展厅自身的特点，分别对展厅温度、故障响应、实时人流、应急处理以及其他一些方面做了运维设计，并加以实施。

2.1 控制展厅温度

展厅设备运行时温度往往会升高，设备在适宜的温度下，才能保证稳定运行，这时往往会对展厅进行控温处理。展厅控温可以分为两大部分：中心机房设备控温和展览展示设备控温。

展厅大部分的服务器和工作站都在中心机房运行，所以中心机房特别重要，可以说是整个展厅的"心脏"。由于首都机场要求不能使用大功率制冷制热设备，所以只能尽可能地选择小功率设备。中心机房所处空间比较密闭，所以一定要保持温度的时效性。通过在展厅中心机房安装温度监控传感器，每隔10分钟监测出机房的实时温度。机房设有三台普通电风扇，可根据机房不同的温度，开启不同数量的电风扇，对机房进行通风控温。当展厅中心机房在正常温度（20℃~30℃）时，开启两台风扇；当温度偏低（20℃以下）时，开启一台风扇，节约设备用电量；当温度偏高（30℃以上）时，开启三台风扇，直至温度降到机房正常温度。通过这种方式让展厅中心机房中的设备一直保持在适宜的温度下进行工作，节约电能的同时，保证了展厅中心机房中的设备稳定运行。

通过打开展厅中所有门窗的方式来增加空气的流通性，这样可以使 T3 航站楼内空调的冷气吹入展厅之中，以此来降低展览区域内的温度，减少展览展示设备因温度过高发生故障的概率。

2.2 设备故障响应

"文化国门—故宫印象"展厅采用了市场上成熟的视频监控系统，来监控设备的运行状态。

展厅中共有三台摄像机用于监控设备状态：第一台用于监控展厅中心机房的服务器和工作站的工作状态；第二台用于监控展览区的展览展示设备的播放和互动状态；第三台采用 360 度全景摄像头进行全方位的监控，一旦监控画面出现情况，立即发出警报，对所有的设备起到了双层监控的作用，不放过任何一处死角。

运维操作室内放有一台网络硬盘录像机，用来对展厅中的视频监控进行管理和存储。运维人员可以在操作室的电脑上对展厅进行实时监控，也可以通过在手机中安装智能视频监控软件，随时随地地对展厅中的设备进行查看，通过视频监控，能及时地发现展厅中出现故障的设备，还可以调取硬盘存储中的录像回放，追溯设备发生故障的时间和原因。

运维人员通过视频监控系统可快速做出响应，对故障设备进行修复或者更换，以此来保障展厅中数字展品的稳定运行。

2.3 监控实时人流

展厅共有两个进出口，在每个进出口都安装了采用红外对射技术的人流监控传感器，这种传感器具有低耗能、免布线、体积小和安装简易等诸多的优点。

可以通过人流监控传感器实时监控展厅中人流情况，当人流出现饱和时，为了参观观众舒适地体验展厅的项目以及展览展示设备正常的运行，展厅中的工作人员及时对观众进行限流，以此减少展厅设备的负荷。通过这种方式，可以使观众参观秩序井然，并且保障了展厅正常运转。

人流监控传感器也可记录各个时间段的参观观众人数，得到一些相关统计，通过这些统计，可以为展厅在运维方面提供精准的数据支持，用于决策展厅未来的规划。

2.4 紧急情况应急处理

展厅运维中最重要的就是紧急情况发生时的应急处理。"文化国门—故宫印象"展厅也对紧急情况设置了一些处理预案。

当发生紧急情况时，运维工作人员可通过操作室中的广播通知观众，疏导观众紧急离开展厅，优先保证参观观众的安全。展厅设立在首都国际机场航站楼内，展厅整体使用的是航站楼内的消防设施。依托于航站楼内先进的消防设施，为展厅提供了更安全的保障。同时在展厅内放置四台灭火器，展厅工作人员都会定期进行消防培训，遇到紧急情况可以做到第一时间响应。展厅在建设过程中还添加了一键断电功能，可对展厅电力系统进行一键关闭，尽可能地把展厅设备受到的损害降到最低。

通过设计制定一套完整的紧急情况处理预案，一旦展厅遇到突发状况，完全可以做到安全、妥善的处理。

2.5 其他运维措施

鉴于展厅内部分设备已使用较长年限，所以除安排日常维护工作外，每季度还要对中心机房、展览展示区内的所有设备进行停机除尘维护，以保障老旧设备的正常运转，以此杜绝因灰尘堵塞造成的展厅设备温度过高等安全隐患。

规定每天对展厅中心机房、展览展示区等用电集中区域进行例行安全检查，对内部的电力机柜、设备机柜以及相关的用电高危设备重点巡视，一旦出现问题，及时进行更换、维修。

3. 结语

经过近几年的运行，首都国际机场"文化国门—故宫印象"展厅保持了较好的运行状态。中心机房中的设备、展览展示区的设备以及摄像机和人流监控传感器等辅助设备都运转正常。各个数字展品系统都能够做到连续性、正常性地展览展示，从开放至今，没有一天因设备设施故障而影响展厅开放展出。这些都得益于信息化运维对展厅整体运维的帮助，通过设计更合理的运维方式，结合技术手段，可以让展厅设备运行更稳定，杜绝了展厅的安全隐患，同时减少了展厅工作人员的工作量，以此更为完美地向途经首都国际机场的国内外旅客展示数字故宫的惊艳魅力。

希望通过本篇文章中的案例展示，能对其他博物馆数字化展厅的运维方案设计与实施起到一定的参考作用。

参考文献

[1]谭弘颖:《从传统到数字化 从愿景到实体验——走进西门子数字化体验中心》,《制造技术与机床》2017年第10期。

[2]智能运维国家标准工作组:《数字时代运维先行，智能运维标准应时而生》,《中国金融电脑》2022年第7期。

[3]郑金辉:《智能运维引领IT运维进入智能化时代》,《计算机与网络》2021年第1期。

[4]宋景东:《智能控制系统在科技馆中的应用》,《科学教育与博物馆》2018年第2期。

物联网技术在空调机房水浸监测中应用的探讨
——以中国科学技术馆为例

王文渊[*]

摘要： 物联网技术在中央空调系统中的应用越来越广泛。本文从物联网概念入手，分析了物联网技术在空调机房水浸监测中应用的优势。以中国科学技术馆为例，阐述了机房水浸原因和基于物联网技术的场馆水浸监测系统建设，旨在为物联网技术在博物馆空调机房水浸监测中应用提供参考，促进场馆的智慧化建设。

关键词： 空调机房；水浸监测；物联网

随着科技的进步和人们对于建筑内舒适性环境的需求，大型公共建筑的中央空调系统越来越庞大，设备维护和管理越来越复杂。为落实党的二十大报告提出的"加快发展物联网"要求和《全民科学素质行动规划纲要（2021—2035年）》提出的"加强科普基础设施建设，打造公共安全健康教育基地"，对科普场馆基础设施的智能化建

---

[*] 王文渊，中国科学技术馆，北京，100101。

设和升级十分必要。博物馆展品较多，空调机房内电气设备较多，机房水浸对设备安全运行造成损害，可能导致安全事故和经济损失。传统空调机房被动巡视，难以克服水浸信息滞后等难题，本文将探讨物联网技术在空调机房水浸监测中的应用。

1. 物联网技术

1.1 物联网组成

物联网的概念最早出现在 1995 年比尔·盖茨的《未来之路》一书中。通常认为物联网架构分成三部分，感知层通过各类传感器感知外界的温度、湿度、光照、气压、压强、受力等信息，进行信息识别、采集和传输，网络层将感知层各类信息传递到应用层，应用层为用户和物联网提供一种便捷的信息交互桥梁。[1][2] 物联网技术的实际应用常常需要借助某些设施设备和网络系统，包括传感器网络系统以及无线网络系统等。[3]

1.2 传感器网络系统

智能化传感器响应速度快，感知外界信息快，在中央空调系统中相当于实时监测各类环境信息的"感官"。中国航海博物馆利用 BAS 系统中的定位检测控制器，可以迅速实现机房空调漏水检测和报警的功能。[4] 水浸传感器是监测被测区域是否出现水浸的"仪器"，收集所监测区域的水浸环境信息，并经相关协议传输至网关。无线水浸传感器可以通过连接无线网络，将水浸报警信息数据上传至物联网，从而被终端用户所接收，以便能迅速反馈。

2. 物联网技术在水浸监测中应用的必要性

2.1 空调系统水浸情况常见

中央空调系统水路复杂、水浸情况较为常见，同时难以做到 24 小时值守。和宏伟等学者研究了某博物馆空调水系统管道，发现管道中冷凝水的存在导致了管道长期浸泡和腐蚀，一旦管路腐蚀穿空会有水喷溅，将对博物馆文物造成无法挽回的损失。[5] 高战修等学者研究发现某医院每年空调系统出现的大面积漏水事件高于 6 次，出现隐性漏水及凝结水的区域超过 100 个。[6] 赵梓杰研究发现严寒地区的空调机组频频发生停机事故的原因之一是换热器冻裂。[7] 空调系统水浸情况也常常出现在施工过程中，比如空调水系统管路设备漏水、堵塞等故障问题。

2.2 传统水浸监测智能化程度不高

目前，传统空调设施设备日常运维巡检常采用人工方式。杨晓红提出博物馆应该完善运维保障专业系统大数据自动化采集功能，包含音视频、传感器状态等信息，实现运维保障信息数字化。[8] 和温湿度等传感器在中央空调系统中广泛应用相比，水浸传感器等检测水浸的智能化设备和系统应用相对较少。中央空调机房发生水浸后，常常存在维修人员响应滞后现象，可能会导致机房内积水，甚至会造成电路短路等事故。博物馆展厅空调机房内水浸严重时，可能会影响观众参观，造成较大的经济损失和社会影响。

3. 实例分析

3.1 项目概况

中国科学技术馆中央空调系统采用集散式控制方式，通过楼宇自动控制系统监测场馆内空调系统所有被控设备的实时信号和控制所有被控设备，从而实现空调系统水阀、风阀、风机等设施设备的自动连锁控制。中央空调系统末端有温度传感器、湿度传感器、压差变送器、CO_2 传感器等传感器装置以及水阀、风阀等管路调节装置。中央空调机房是展厅供冷/供热的关键末端设备，在场馆 1—4 层的各个展厅均有布置。中央空调水系统采用四管制，空调机房内水系统管道较多，一旦机房水浸隐患不能及时发现，机房内电气设备就有安全隐患，严重时浸水至展厅将影响观众正常参观。

3.2 机房水浸原因分析

近些年，场馆中央空调系统多次出现轻微水浸故障，比如，冬季某空调机组的表冷器弯头处出现冻裂导致表冷器漏水，夏季冷凝水接水盘堵塞导致冷凝水外溢到机房地面。空调机房内出现的溢水可能有空调水系统冷冻水、冷凝水、室外雨水、自来水等形式，主要水浸原因总结见表 1。

表 1　空调机房水浸原因

序号	类别	具体原因
1	设计因素	冬季严寒天气空调机组表冷器离新风口过近，可能导致铜管冻裂；排水管设计位置不当、过长或不平整；未使用自动排气阀等。
2	安装因素	机组加湿器安装不当；排水管安装倾角不当、水管被挤压；保温层覆盖材料质量不佳等。
3	维护因素	巡视人员疏忽大意，未及时发现水浸隐患；冷凝水接水盘及下水管清洗不及时；过滤网堵塞；水系统软接头、密封等易损件未定期检查和更新等。
4	设备因素	空调水系统设备故障，如排水泵故障、管路腐蚀穿孔等。
5	环境因素	外部水（雨水、中水、自来水等）渗入机房。

3.3　场馆水浸监测系统建设

由于场馆建设时未安装水浸监测系统，在中央空调系统实际运行过程中，出现维修团队对空调机房内水浸响应滞后的现象。为建设信息化和智慧化空调机房，提高维修团队工作效率，2021年对部分空调机房试点安装水浸监测系统。

场馆水浸监测系统由水浸传感器、局域网网关、管理平台、终端组成。传感器利用水的导电性原理感应水浸，每个局域网网关可以连接多个水浸传感器，每个机房也可以根据实际需要布置一个或者多个水浸传感器。当机房等区域发生水浸时，水浸传感器监测到后发出嗡鸣报警声，可以有效提醒巡视人员发现水浸隐患；同时，水浸传感器发出的报警信号通过局域网网关传输到管理平台，然后报警信息自动推送到空调机房管理和维护人员手机终端，实现机房水浸故障的实时响应。场馆水浸监测系统示意图见图1。

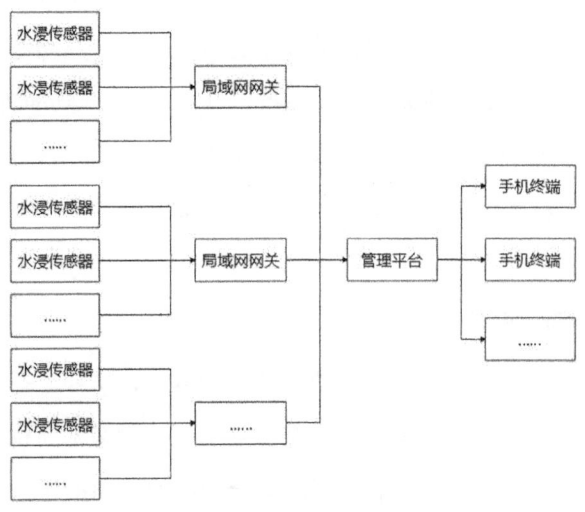

图 1　场馆水浸监测系统示意图

使用场馆水浸监测系统后,经过实测和运行,报警信息能实时推送至管理和维护人员手机终端,通过智慧平台监控空调机房的水浸隐患,极大地提高了场馆空调系统的信息化程度和维修人员响应的速度,降低了维修人员的工作强度。

4. 小结

本文分析了物联网技术在空调机房水浸监测中应用的必要性,以中国科学技术馆为例,针对空调机房水浸原因,试点采用水浸监测系统,取得了预期效果,提升了场馆空调机房的环境品质和信息化水平。下一步将扩大场馆中水浸监测系统的使用范围,一方面,搭建稳定覆盖全馆空调机房的无线网络,提高空调机房信息化水平;另一方面,积极升级空调机房设施设备,融入场馆物联网建设体系,促进空调机房的智慧化建设。

参考文献

[1] 郭斌、刘思聪、刘琰、李志刚、於志文、周兴社:《智能物联网:概念、体系架构与关键技术》,《计算机学报》1-20。

[2] 郭志鹏、李娟、赵友刚、官洪民、韩仲志:《物联网中的无线传感器网络技术综述》,《计算机与应用化学》2019年第1期。

[3] 陈泽群:《工业自动化中物联网技术的应用》,《现代工业经济和信息化》2023年第3期。

[4] 尹东:《基于BAS系统实现机房空调漏水检测和报警的功能》,《信息与电脑(理论版)》2012年第8期。

[5] 和宏伟、白冬军、彭晶凯、钟含光:《某博物馆空调冷热水管腐蚀失效分析》,《全面腐蚀控制》2014年第7期。

[6] 高战修、蒋国彪:《运用精细化管理方法减少医院中央空调漏水》,《中小企业管理与科技(中旬刊)》2018年第9期。

[7] 赵梓杰:《严寒地区某发动机试验室空调系统防冻改造技术研究》,大连理工大学硕士学位论文,2021年。

[8] 杨晓红、代小娟:《博物馆机电设备管理发展的探析》,《智能建筑与智慧城市》2022年第2期。

基于用户研究的博物馆信息系统使用效率测算研究

夏 梦[*]

摘要： 经过数十年的发展，信息系统建设在帮助博物馆基本完成业务的无纸化转变的同时，也面临着新时代来自互联网环境与博物馆内部的双重发展需求，信息系统需要具备为文博业务提供更加高效的信息化服务的能力。本文引入用户研究方法对信息系统进行使用效率测算研究，通过面对用户的调研、数据采集和效果验证，力图得出客观条件下的最优化设计，提升博物馆线上办公效率，赋能文博信息化业务。

关键词： 信息系统；用户研究；博物馆

从20世纪90年代至今，博物馆信息系统建设经过数十年的发展，在信息化成果的不断积累下，已基本覆盖博物馆主要业务范畴，帮助博物馆快速完成从纸质化管理向数字化管理转变的过程，极大地提高了业务流转效率。近年来，互联网领域快速发展，使得社会大众对文博领域内容产生了更加高质、密集的需求，亟须信息系统对效

---

[*] 夏梦，故宫博物院，北京，100009。

能进行进一步升级；同时，产品领域的人本化趋势，人工智能、大数据等新技术的应用发展，也导致博物馆对作为信息化基石的信息系统效率有了更高的需求层次。

需求升级对博物馆信息系统的业务承载能力、软件易用性和服务层次等多方面都提出了更高的要求，只完成无纸化的转变已无法满足当今需求，信息系统建设需要为博物馆提供更加优质的信息化服务。信息系统设计需要突破原有框架的桎梏，打破以技术开发为主的传统信息系统建设理念。摸清用户实际工作场景，对用户操作进行研究，则成了博物馆信息系统建设中新的重点工作。通过用户调研测算系统效率既是对系统进行优化升级的基础和依据，也是对其设计实施效果的验证，是信息系统建设的重要环节。

1. 用户研究是信息系统效率测算评定的基础

在对博物馆信息系统效率测算研究的过程中，博物馆的用户和系统提供的服务是两端的关键要素，是研究的主要对象。除此之外，影响系统使用效率的因素还包括网络、硬件环境、自然环境、用户状态、用户背景等。基于用户研究的思想对系统效率测算的过程就是通过将诸多客观、主观因素量化，来建立用户研究结果到系统效率水平的映射关系，并以此作为对系统进行优化迭代操作的基础和依据。

用户研究指软件设计领域用户体验（User Experience）研究中的一种设计视角。其以人本论为基础，相比传统系统开发设计模式，更侧重用户端对产品的实际使用感受。用户研究在 C 端（消费者用户端）数字产品设计领域广泛使用，在用户享受体验思维产品服务的同时，产品本身也得到了更多的用户好感和关注度。这种双赢的模式下体验思维蓬勃发展，近年来在此之上还衍生出了诸如用户体验、体验经济等概念。而目前用户研究在 B 端（商用用户端），尤其是博物馆信息化管理领域应用范围则略显局限，这是由于在以前人们往往更注重产品对功能的实现，决策者用户比起产品体验更加关心效率，使用者用户一般不参与决策，无法直接改变产品体验。此外，成本控制、批量产品化、技术难度等因素都导致体验思维在 B 端产品上的应用较为局限。

博物馆业务综合性较强，内容复杂，博物馆相关人员构成也十分复杂，不同的用户在电脑技术、业务场景、系统建设背景、系统熟悉程度甚至个人阅历等各方面都存在客观差异。大多数用户对计算机语言、数字化业务逻辑、本地硬件配置等知识都相对一知半解，用户观点理念有时又大相径庭，因此，如果抛开用户这个重要的研究对象，只对技术和功能层面的问题进行研究，则无法触及博物馆业务的深层需求，无法大幅度地提高用户对信息系统的使用效率。

2. 用户分析是信息系统效率测算评定的核心

对系统效率进行测算是信息系统迭代升级、提升效能的基础，其中，用户分析则是测算信息系统使用效率的核心。用户分析的开展主要有两个方向，一方面，通过派发调研问卷和面对面深度访谈，与用户进行面对面调研，掌握用户线上办公实际情况、业务处理过程规范等信息；另一方面，对系统使用过程进行数据采集和分析，以用户分析的视角对系统使用效率进行测算，着力发掘用户使用痛点。通过以上两种客观和主观的角度对用户使用现状进行分析，进一步明确系统的优化方向。

2.1 面对信息系统用户开展调研活动

面对用户调研旨在摸清用户使用信息系统的情况，达到对业务实际场景进行充分了解的目的。很多问题在进行问卷调研或电话访问时无法彻底暴露出来，而在面对用户进行沟通时则可以被直接发现。同时，所有用户都是办公平台中的一部分，调研过程中不能只听部分用户"一家之言"，知晓常用和重点人士工作实际场景才能保证调研结果的客观性和公允性。其中，用户使用效率这一因素作为信息系统发挥作用的关键，对用户的分析也应以效率度量为中心进行开展。

在博物馆环境中，文物业务类用户是每天对系统进行深度使用的群体，使用系统具有很强的查询阅览属性。行政类用户同样作为系统的深度使用群体，不同的是行政职能类用户常用业务多以工作流为主。其他综合类用户对系统的使用相对较少，希望桌面具有实时、高效的特性，办公平台是此类用户的线上资料查询工具。对用户中的深度使用群体着重进行面对面访谈，可以从更加生动客观的视角获取用户使用情况。

调研可采用面向对象的系统分析设计方法[1]，对调研数据进行从具象到抽象的精炼提取，通过对象测试（OOT）、分析（OOA）以及设计（OOD）等操作完成用户需求模型，以此为根基建立设计原型，并根据实际验证结果对其进行增减或合并拆分，在不断修改调整后，最终得出更加能与用户达成共识的设计，完成从用户客体描述到软件结构的转换。

2.2 对信息系统使用数据进行采集与分析

为了更加准确地进行用户分析，除了面对用户的调研外，还可对用户找到正确操作位置所付出的努力、确定操作是否必要所付出的努力、用户学习使用所付出的努力等进行度量，通过数据收集和分析完成任务时间的测算、用户迷失度的计算以及易学性的评定。将用户使用系统时在意识认知和身体行为上分别付出的努力进行测算，把模糊的、碎片化的用户意识或行为生成高共性的表述，完成对信息系统使用数据的采集与分析。[2]

2.2.1 任务时间测算

任务时间是测量产品效率的最佳方法。由于用户操作系统具有重复性高、实时性强的使用特征，多数情况下用户执行任务的时间越短，体验越好。单次操作时间即使只有微小变化，但由于用户数量多、使用频率高，小的变化累积起来也会对系统整体运行效率产生影响。

如实验用户代表 A—F 分别为来自不同工作类型的新员工，此次实验均为统一培训后首次使用该系统。对用户在某一任务开始时使用秒表进行计时，通过测量结果（图1）可以看出，除"查看公告"花费时间尚可，余下操作消耗时间都较长，尤其突出的是"进入子系统"操作平均耗时17.5秒，这种情况对于重复操作较多的用户来说所浪费的时间是不可忽视的。

操作	用户A	用户B	用户C	用户D	用户E	用户F	平均值	中位数
进入一般待办详情页	15	6	16	6	5	8	9.3	7
进入"旧OA"待办待办详情页	13	26	18	25	8	11	16.8	15.5
进入子系统	15	21	23	27	9	10	17.5	18
进入"常用新建流程"	8	6	30	34	15	22	19.2	18.5
查看公告	6	4	8	5	6	4	5.3	5
新建代理	30	20	19	12	42	17	23.3	19.5
修改用户个人信息	13	15	11	9	7	11	11	11
自定义常用按钮	55	26	23	35	44	31	35.7	33

图1 用户对系统常用功能单次操作时间的计算

2.2.2 用户迷失度计算

用户迷失度的计算对系统效率评定也具有一定意义。迷失度越低代表系统界面功能罗列越清晰、用户体验越好以及操作效率越高。结果需要由三个值通过公式 $L=\sqrt{(N/S-1)^2+(R/N-1)^2}$ 计算得出，分别是用户操作任务时所访问的不同的页面数目（N）、访问的总页面数目（S，重复访问的页面不重新计算），以及必须访问到的最小页面数目（R）。迷失度最佳数值应为0，当迷失度大于0.5时，可以认为系统对用户产生了较大使用阻力。如系统计算出的"进入新建代理页面"操作平均迷失度的数值位于0.4到0.5之间（图2），则实验所得数据并不理想。

"处理一般待办公文"操作实验数据							"进入子系统"操作实验数据						
	用户A	用户B	用户C	用户D	用户E	用户F		用户A	用户B	用户C	用户D	用户E	用户F
N值	3	4	4	3	3	3	N值	4	4	4	4	3	4
S值	3	4	5	3	3	3	S值	7	5	5	7	3	5
R值	3	3	3	3	3	3	R值	3	3	3	3	3	3
L值	0	0.25	0.35	0	0	0	L值	0.49	0.32	0.32	0.49	0	0.32
平均L值	0.1						平均L值	0.32					
"进入常用新建"操作实验数据							"进入新建代理页面"操作实验数据						
	用户A	用户B	用户C	用户D	用户E	用户F		用户A	用户B	用户C	用户D	用户E	用户F
N值	3	3	2	3	2	2	N值	7	5	6	5	7	5
S值	4	4	2	4	2	2	S值	14	8	8	6	14	6
R值	2	2	2	2	2	2	R值	4	4	4	4	4	4
L值	0.42	0.42	0	0.42	0	0	L值	0.66	0.42	0.42	0.26	0.66	0.26
平均L值	0.21						平均L值	0.45					

图2 用户迷失度的计算

2.2.3 易学性评定

易学性的评定也是衡量系统使用效率的一项关键因素。易学性越高，用户学习成本越低，体验越好。同时，低学习成本可以节省诸多系统上线后培训、答疑所耗费的财力和人力。如图3，通过分别间隔10分钟的3次施测，对用户在进行同一操作时所用时间的变化进行测量。通过把测量数据点在坐标系中进行绘制，点之间连接可绘制斜线，斜线如果斜率较大说明用户在首次操作时遇到了较大阻力。

图3中，斜线普遍前后高低差明显，斜率较大，证明用户可以通过学习提高对当前系统的操作效率，但也说明用户在首次操作时会遇到较大的操作使用类问题；同时，所有线条处于Y轴较高区域，即使在施测3节点也还有可以降低的空间，说明用户经历学习之后仍然会面对很多使用类之外的困难，这些问题都是不能被设计者忽视的。

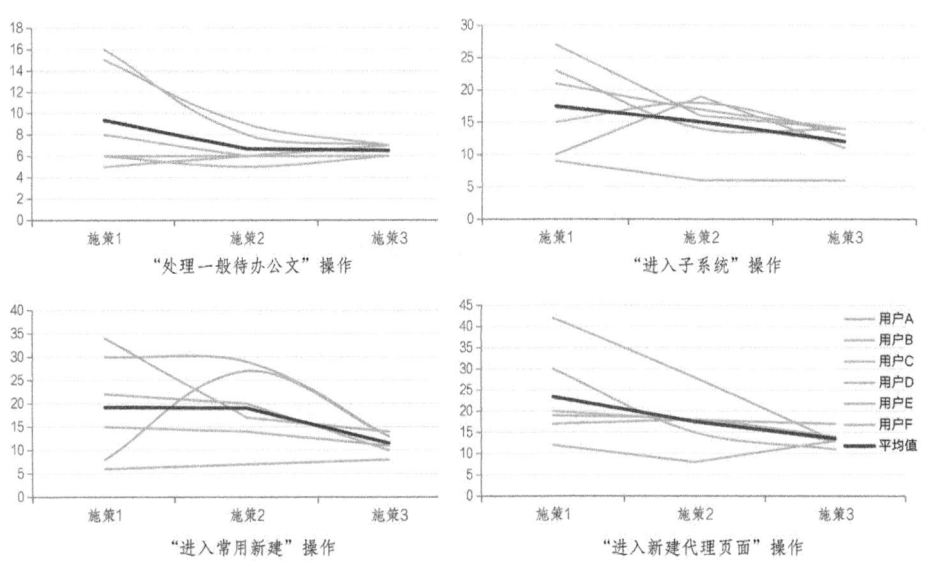

图 3 对系统易学性的评定

2.3 对设计实施效果进行验证

在信息系统建设周期中，对系统进行优化升级是重要的一环。在博物馆环境中，系统需要不断面对新的需求和问题，不断地对系统进行优化迭代可以让系统设计更加完善。除对信息系统进行直接测算与评定外，还可以通过系统测算来对系统优化升级结果进行验证，以保证优化方向正确和迭代的有效性。

如通过深入用户进行线上问卷、线下走查、电话回访等形式，与用户进行面对面的沟通。尤其是信息系统的深度使用群体，需要对每次沟通的情况进行记录。通过对调研记录进行数据提取和分析，并将其与前一阶段调研数据进行比对，则可得出相应结论，以验证系统优化升级的有效性。

对信息系统优化升级试验的数据测算需要在最大控制环境变量的情况下，使用对旧系统的调研方法进行同样的测算和分析，包括使用同样的方式对单次操作时间、用户迷失度以及易学性数据进行收集、测算等。如经过优化升级后，再次对样本系统进行

操作	用户A	用户B	用户C	用户D	用户E	用户F	平均值	中位数
进入一般待办详情页	3	4	3	2	4	3	3.2	3
进入"旧OA"待办详情页	5	3	3	2	4	4	3.5	3.5
进入子系统	2	3	6	4	4	4	3.8	4
进入"常用新建流程"	3	3	4	3	8	3	4	3
查看公告	3	2	2	3	4	4	3	3
新建代理	9	7	11	9	10	6	8.7	9
修改用户个人信息	3	4	9	10	4	9	8.3	4
自定义常用按钮	7	8	10	9	6	9	8	8

图 4 新系统常用功能单次操作时间

测算（图4），用户单次操作时间相比旧系统降低70%左右，平均每次操作节省12秒，用户操作变得更加快捷。

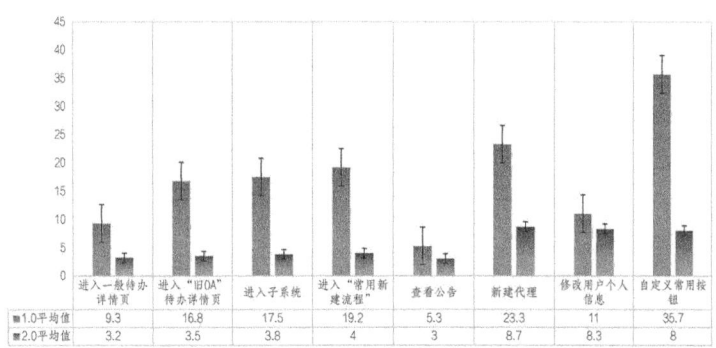

图5　新系统常用功能单次操作时间与旧系统的对比

如用户迷失度的计算结果（图6）中三项归零，余下"进入新建代理页面"一项操作数值降低约86.7%。证明桌面的界面展示相比旧系统更加容易理解，降低了用户的误操作可能。

"处理一般待办公文"操作实验数据							"进入子系统"操作实验数据						
	用户A	用户B	用户C	用户D	用户E	用户F		用户A	用户B	用户C	用户D	用户E	用户F
N值	1	1	1	1	1	1	N值	1	1	1	1	1	1
S值	1	1	1	1	1	1	S值	1	1	1	1	1	1
R值	1	1	1	1	1	1	R值	1	1	1	1	1	1
L值	0	0	0	0	0	0	L值	0	0	0	0	0	0
平均L值	0						平均L值	0					
"进入常用新建"操作实验数据							"进入新建代理页面"操作实验数据						
	用户A	用户B	用户C	用户D	用户E	用户F		用户A	用户B	用户C	用户D	用户E	用户F
N值	1	1	1	1	1	1	N值	2	3	2	2	2	2
S值	1	1	1	1	1	1	S值	2	2	2	2	2	2
R值	1	1	1	1	1	1	R值	2	2	2	2	2	2
L值	0	0	0	0	0	0	L值	0	0.33	0	0	0	0
平均L值	0						平均L值	0.06					

图6　新系统迷失度计算

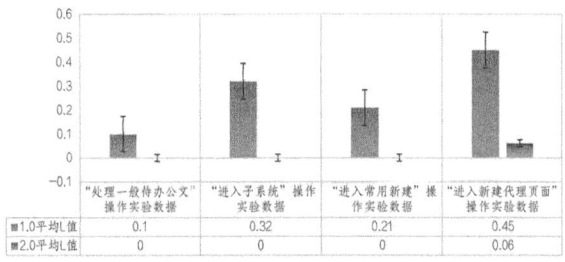

图7　新系统迷失度与旧系统的对比

如经过对易学性的评定（图8、图9），可以看到通过数据绘制的斜线的斜度相较于旧系统明显较为平缓，且总体处于较低水平，这证明新系统桌面用户学习成本降低，具有更强的易学性。

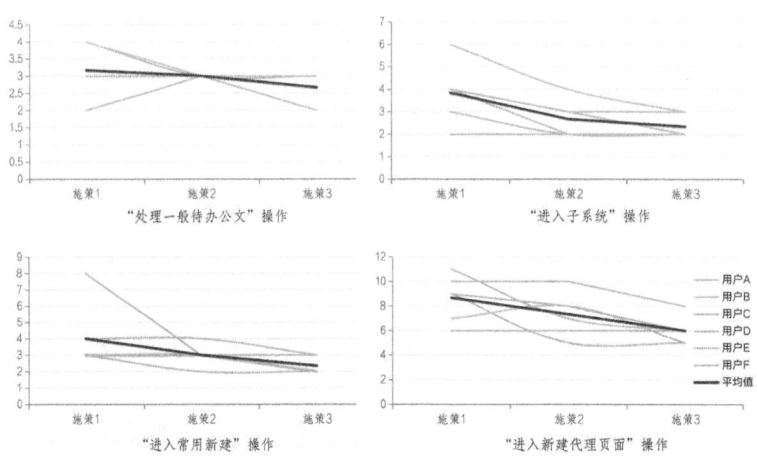

图 8　新系统易学性评定

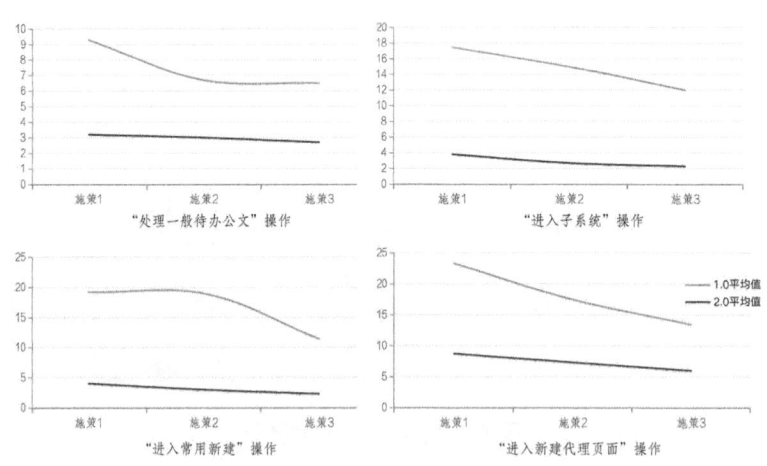

图 9　新系统易学性与旧系统的对比

3. 结论

基于用户研究对博物馆信息系统进行效率的测算，可以有效衡量系统运行效能、发现用户使用痛点、验证优化实施效果，让系统具有更直观的界面设计、更强的易学性以及更优的用户反馈，逐步达到最为完善化的设计。

基于用户研究的博物馆信息系统效率测算为传统信息系统建设模式提供了新思路、新办法，提高了信息系统运行效率，为信息系统设计水平的提升提供了策略和依据，减少了线上内部流转耗能，直接或间接提高了办公效率，为文博信息化业务赋能。

参考文献

[1] 柳毅、金鹏、锥兴刚编著：《数字智能时代的管理信息系统》，清华大学出版社 2020 年版。

[2][美]Tom Tullis, Bill Albert：《用户体验度量：收集、分析与呈现》，周荣刚、秦宪刚译，电子工业出版社 2020 年版。

主题四

数字化展览与讲好中国（历史）故事

浅析如何在数字化展览中讲好红色故事
——以中国电信博物馆为例

崔 楠*

摘要：自党的十八大以来，"红色主题"展览受到越来越多的关注。习近平总书记在辽宁省考察时强调，红色江山来之不易，守好江山责任重大，要讲好党的故事、革命的故事、英雄的故事，把红色基因传承下去，确保红色江山后继有人、代代相传。本文主要围绕中国电信博物馆以"百年电信 红色传承——中国电信业发展史陈列"为主题的常设展览的展示设计研究展开，探讨"红色主题"展览在数字化方向的发展路径，并对新时代"红色主题"展览展陈空间设计策略进行分析。

关键词：红色主题展览；数字化展览；展陈设计

中国电信博物馆的前身为邮电部邮电文史中心，1998年邮电分营时划归中国电信集团公司，更名为中国电信集团公司电信文史中心，后于2001年更名为中国电信博

---

* 崔楠，中国电信博物馆，北京，100083。

物馆，并于 2001 年 10 月 30 日正式开馆。中国电信博物馆于 2021 年 6 月 20 日重新开馆，为深入贯彻落实习近平总书记关于"用好红色资源，传承好红色基因，把红色江山世世代代传下去"的重要指示精神，全新推出以"百年电信　红色传承——中国电信业发展史陈列"为主题的常设展览，在新时代总结电信事业的重大成就，利用红色电信资源优势，展示了从远古"烽燧通信"到现代"数字通信"的技术发展历史。本文主要以该主题展览为例，分析探讨数字时代"红色主题"展览的新特点以及当前面临的新挑战，以期为数字化展览中的"红色主题"展览策划和展陈空间设计提供参考。

1. "红色主题"展览概述

文化展览是展览活动的重要类型之一，其展示了物质文化产品、精神文化产品，反映着文化的传承和社会的进步。[1] 其中，"红色主题"展览是当代社会精神文明建设的重要媒介，是振奋民族精神，凝聚民族力量，推动社会发展的重要途径。以现代展陈设计的方式，实现传统红色教育与当代时尚休闲方式的结合，对宣传新时代中国特色社会主义文化建设以及推进精神文明和物质文明的协调发展起着十分重要的作用。[2] 因此，如何广泛发掘和充分利用红色资源，赓续精神血脉，传承好红色基因，是对博物馆在新时代提出的新要求。

2. "红色主题"展览展陈的主要特点

"红色主题"的展陈设计是综合性的艺术实践，应当呈现出一种不断优化又具有形式感的设计面貌。由于中国共产党的红色文化展览既是实物展览，也是概念展览，是以概念和设计为导向的展览类型，因此在设计红色文化的图形、图像、交互等具体呈现方式时，通常以创新的设计方法传达思想性、艺术性，突出红色基因的时代感和现场感，体现互动性与参与性，实现展览信息与观众之间的高效传递。此外，在展陈内容设计上，需要将选定的内容组织并凝练成一个个具有明确意义的主题，并结合空间、技术、展示、材料以及设计元素营造红色文化氛围，通过设计展现红色文化的概念及核心价值，促进红色基因的传承与发展。[2] 具体来讲，"红色主题"展陈主要有以下几个特点。

2.1 "红色主题"突出

红色资源是中国共产党艰辛而辉煌奋斗历程的见证，是最宝贵的精神财富，具有极强的历史价值及教育意义。而"红色主题"展陈空间因为其特殊的主题性，在展陈空间策划时需要充分考虑展陈主题，既要反映本展馆的性质与内容，展现本馆的历史特色、地域特色和人文特色，又要考虑如何用好红色资源。在表达新时代"红色主题"陈列展示时，需要将主题内容进行升华，结合现代展陈技术手段在展陈中体现红色故事的历史感和真实感。

2.2 自身特色鲜明

党的十八大以来，出于对精神文明建设的需求，"红色主题"展览已经成为一种重要的博物馆展陈主题。这要求在进行博物馆展览策划时，需要抓住博物馆自身建设特色，避免千馆一面。例如，中国电信博物馆在展示红色电信历史内容时，充分结合馆内藏品和电信新时代科学技术，通过丰富的电信文物、图文史料、趣味通信科普和先进的电信 5G、云端、AR、VR 等数字化互动体验技术，展现我国电信业从艰难起步到发展、跨越、腾飞的历史画卷。

2.3 人物故事生动有趣

人物是"红色主题"展陈的灵魂，透过人物能够看到时代，看到精神。因此，在展陈空间设计时，需要注重对人物的塑造及其背后的精神内涵。在展陈设计中运用典型的人物结合真实的事例进行展厅内的艺术表达。

2.4 重点事件高度凝练

展示内容需明确展示重点层级，区分重点和次重点，适当取舍，亮点内容放大。内容亮点设置，需坚持"少而精"的原则。运用适当的手段，强化重点，以点带面，渲染气氛，增强节奏，从而点明主题。

2.5 场景氛围协调统一

"红色主题"展陈空间往往需要空间氛围的营造，将观众带回那段历史时期，给人以身临其境的感受。现在很多战役性质的纪念馆都有大型的沉浸式场景的搭建，这对理解红色历史时期的战役有很重要的辅助作用。在展陈空间中，可以采用色彩、灯光进行展示氛围营造，根据不同的展示题材选择不同的色彩，灯光效果配合雕塑进行场景复原，将展示内容与空间环境进行协调，形成复合性的体验空间。

3. 数字技术在"红色主题"展陈中的应用

如今，"红色主题"的展馆越来越侧重于体验，对于博物馆展陈来说，陈列展示不仅需要把过去呈现出来，更重要的是借助艺术化的展陈手段，带给观众更加新颖、直观的感受，让受众与历史产生共鸣，认识到革命先驱的伟大，并且以此认识历史、了解历史，从而激发红色爱国情怀。"红色主题"展览作为对外宣传展现红色文化历史的窗口，重点是深入发掘整合红色文化历史内涵，创新传播手段，完善服务设施，弘扬与传承红色文化，更好地服务新时代经济社会的发展。例如，中国电信博物馆将5G、云计算、人工智能等新技术应用到了红色文化领域，助力红色资源数字化。依托中国电信超高速5G网络，设计了20余项互动体验项目，在这里观众不仅能体验到"旗语通信"、"百年电报学堂"发报、"红色电波抄报译报"，还能体验到天翼云VR营造的沉浸视频、巨幕影院、VR直播等高科技娱乐体验项目。

在中国电信博物馆陈列展览的第二单元，重点展示了近代电信的传入、兴办、发展。展区重点设计互动体验项目——百年电报学堂，观众可通过现代触摸屏幕与老式电报电键的组合，体验"嘀嗒嘀嗒"的电报学堂发报考试，感受近代电信的发展变迁。（图1）同时，该展区也展示了大量原版历史照片和珍贵的实物展品。此展区通过多种展陈方式结合的手段，如平面、视频、互动、场景等，为观众带来沉浸式体验和多维化感知。

主题四：数字化展览与讲好中国（历史）故事

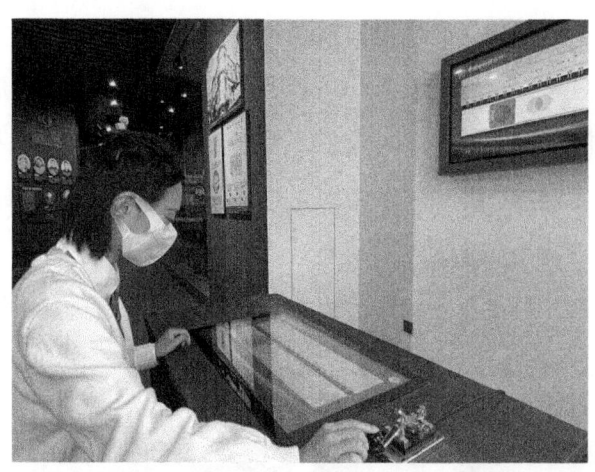

图1　百年电报学堂场景实际体验图片

此外，在中国电信博物馆陈列展览的第三单元，设计的"红色电波抄报译报"互动展区，复原红军抄报员和译报员发报译报场景，为观众带来沉浸式的互动体验，观众可通过触摸屏和耳机设备在模拟场景中体验接收红色电报并进行抄录、译制、翻译的互动项目。（图2）该展区展示了红色电信从地下斗争中起步，由半部电台开始，在革命战争中成长的战斗过程。

图2　"红色电波抄报译报"互动体验实景图

中国电信博物馆为更好地推广展览，为社会公众服务，打造行业信息化标杆，促进5G、云计算在文博行业的应用，启动"智慧博物馆"项目建设，全新开发小程序、AR眼镜、APP三端产品，产品依托中国电信天翼云、XR、AI、3D可视化技术，为

· 151 ·

观众提供线上线下集趣味性、创新性、便捷性于一体的服务。目前"百年电信"微信小程序正式上线，主要涵盖线上云展厅展示、重点文物360度立体展示、通信历史沉浸式体验、观众预约及语音导览等线上线下智慧服务。线下导览包括AR导览、重要展品导航、普通语音讲解、讲解内容智慧推送等智慧服务，采用最新的地磁定位技术，根据参观者在馆内不同位置实时推送展览、文物讲解等信息。其中"云展厅"采用了360度全景摄影技术，向观众展示博物馆内部展陈及讲解员全景讲解，观众足不出户就能浏览展览全貌。（图3、图4）

图3　智慧博物馆建设：AR导览实际体验图

图4　智慧博物馆建设：线上小程序沉浸式体验

4. 新时代"红色主题"展陈空间设计策略

4.1 明确主题立意

"红色主题"展览是以宣扬和传承国家主流意识形态、核心价值观念为主的正能量展览，主要目的是引导正确的政治方向、凝聚民族精神、强化国家观念、激发爱国热情。在设计展览时主题立意不仅要体现出博物馆的性质及内容，还要凸显出"红色主题"博物馆的主题旋律。[3] 习近平总书记指出，了解历史才能看得远，理解历史才能走得远。回眸党的历史，叩问初心使命，中国电信博物馆牢记使命担当，在展陈设计时紧紧围绕两条主线。一条主线是讲述"百年电信"的发展历程，另一条主线是展示"红色电信精神"的赓续与传承。以主流政治文化为创作导向，传播国家主流意识形态和核心价值观念。

4.2 把握时代特征

"红色主题"的展陈需要反映历史变迁、时代热点和当下精神，汇聚不同历史时期的社会政治、经济、文化环境。博物馆在对外宣传过程中要注重展现红色文化的历史样态，注重展示、弘扬与传承红色文化，深入发掘整合红色文化历史内涵，创新展示手段，完善服务设施，让观众愿意来、用心看、有收获、留得住，更好地服务新时代经济社会的发展，满足人们日益增长的美好生活需求。例如，中国电信博物馆展陈在讲述"烽燧连天 电信之光"这个单元时，展柜陈列烽燧燃料、金鼓、传信铁炮、旌旗等古代传信工具，展示了在近代电信技术诞生之前古老的通信手段。但随着社会的发展，这些通信手段早已被取代，为了让观众身临其境地体验传统通信方式——旗语，展厅内通过多媒体和感应设备，结合不同旗子、不同旗组表达不同含义的特点，设计多媒体互动设备，观众可以通过肢体语言进行场景互动，体验古代旗语通信的乐趣，从而深入了解传统通信方式。利用馆藏的文物藏品，开发新颖的互动体验项目，创造新颖的博物馆文化传播形式。

4.3 发挥教育价值

博物馆既是发挥收藏、研究和教育职能的文化场所，也是爱国主义教育的重要基地，在弘扬红色文化教育的过程中发挥着极其重要的作用。"红色主题"展陈的核心内容是国家意识、核心价值、时代精神，党的理论、方针、路线等，在社会教育和思想引领方面发挥着重要作用。[4]博物馆在丰富展陈和活动形式的基础上应积极创新展示教育手段，展陈设计充分考虑各类参观群体的需求，有针对性地组织开展主题教育活动。当前正处于新的历史时期，可以充分依托网络平台，借助数字化功能，推出云展厅、云课堂、云直播等多项网络新兴参观方法和手段，打破空间格局的限制，扩大博物馆社会教育辐射范围，提升博物馆社会教育的效果。

5. 结语

红色文化承载着中国共产党英勇奋斗的艰苦历程，"红色主题"展览记录着这段感人至深、催人奋进的历史。在"红色主题"博物馆展陈空间设计中，需要进一步明确主题立意、把握时代特征、发挥教育作用，充分挖掘和利用红色资源，讲好党的故事、革命的故事、根据地的故事、英雄和烈士的故事，全面提升中国共产党红色文化的影响力，促进红色文化的传播与展示，是深入研究红色文化展陈设计理念与实践方法的根本动因。

参考文献

[1] 李梦玲、邱裕主编：《展示设计》，清华大学出版社 2011 年版。

[2] 叶东明：《当代社会"红色文化"展陈设计的分析研究》，《文化产业》2022 年第 11 期。

[3] 陈鸿辉：《新时代红色纪念馆陈列展览的探讨》，《产业与科技论坛》2021 年第 20 期。

[4] 武美丽：《红色经典博物馆特色展陈设计思考》，《炎黄地理》2022 年第 9 期。

革命文物数字化与可及性创新
——以平面革命文物采集为例

梁 茵*

摘要：革命文物作为革命文化的物质载体，见证了中华民族波澜壮阔的复兴历程。随着新时代博物馆数字化建设的飞速发展，文物数字采集技术有了突飞猛进的进步。数字化与可及性创新为革命文物保护提供了更好的方式，给文博工作者的工作带来了更多的选择，我们要在传统业务基础上，大胆创新，实现文物数据和保管技术数字化的可持续发展。本文以平面革命文物采集为例，为文物保护事业提供更多工作思路。通过科学规范的采集操作，使革命文物以数字形式真实再现。结合新时代新要求，统筹做好藏品的保管、科研与宣传工作，推动革命文物工作开创新局面。

关键词：平面革命文物；数字化采集；拍摄技巧

文物作为博物馆的重要组成部分，承载灿烂文明，传承历史文化，维系民族精神，

---

* 梁茵，中国共产党历史展览馆，北京，100100。

是弘扬中华优秀传统文化的宝贵财富，也是促进经济社会发展的优势资源。2021年3月，习近平总书记对革命文物工作做出重要指示，强调加强革命文物保护利用，弘扬革命文化，传承红色基因，是全党全社会的共同责任。党中央对革命文物工作的高度重视，是我们做好新时代革命文物工作的根本遵循。

我国是拥有光辉革命历史和优良革命传统的国家，革命文物作为革命文化的物质载体，承载着革命先辈英勇奋斗、不怕牺牲、百折不挠的革命传统和革命精神，见证了中华民族波澜壮阔的复兴历程。在中国共产党的光荣历史和近代以来中国人民英勇奋斗的壮丽篇章中，保存和遗留了丰富多样的革命文物资源。革命文物不仅是革命时期事件和人物的物质遗存，是我们党、国家和人民的宝贵精神财富，也是进行爱国主义和革命传统教育、传承红色基因的生动教材，更是中国共产党不忘初心、继续前进的力量源泉。

随着新时代博物馆数字化建设的飞速发展，文物数字采集技术有了突飞猛进的进步，更多新设备被发明出来，给广大文博工作者的工作带来了更多的选择，我们要把握住这一历史契机，在传统业务的基础上，大胆创新，实现文物数据和保管技术数字化的可持续发展。数字化与可及性创新为革命文物保护提供了更好的方式，在创新的驱动下，激发革命文物的时代价值是对红色基因传承与发展最好的阐释。

1. 平面革命文物

2018年，国家文物局印发了《关于报送革命文物名录的通知》，对革命文物作出了相关规定。革命文物主要是指见证近代以来中国人民抵御外来侵略、维护国家主权、捍卫民族独立和争取人民自由的英勇斗争，见证中国共产党领导中国人民进行新民主主义革命和社会主义革命的光荣历史，并经认定登记的实物遗存。对社会主义建设和改革时期彰显革命精神、继承革命文化的实物遗存，纳入革命文物范畴。革命文物包括不可移动革命文物和可移动革命文物。

平面革命文物是可移动革命文物中的一种类型，包括报纸、布告、标语、书信、邮票等文献；油画、国画、版画等艺术品；钱币、旗帜、服饰等。它们是红色纪念类博物馆中保存数量最大的藏品类型。因此做好平面革命文物的采集工作，是红色纪念类博物馆应做的一项艰巨且有意义的工作。

2. 平面革命文物数字化的用途

平面革命文物数字化用途广泛，最重要的是用于博物馆管理与研究。通过博物馆数字化采集优秀的平面革命文物数字影像，构建强大的文物资料数据库。文博工作者通过文物大数据分析，可更好地开展高水准的藏品保管与学术研究工作，并在相互辩证分析的基础上深入探索，获得更多的研究成果。在进行文物影像采集时，需准确记录平面革命文物的尺寸、机理、厚度、局部等有文物价值的细节。

平面革命文物数字化的另一用途则是用于复制与出版。平面革命文物通过复制与出版可被更多不能亲眼见到原文物的观众所知道，加快了革命文化的传播速度。

平面革命文物数字化还被广泛地用于藏品保护修复记录。平面革命文物在借展与归还前后，常需用照片记录文物现状，以便对文物交接前后的现状进行比对。当平面革命文物需要进行修复维护、更换画框或重新装裱等工作时，文物正反两面、绘画轴头、书法作品的绫子等也需要拍摄记录，以保证平面革命文物保管工作的历史记录有序和完整。

3. 平面革命文物数字化的意义

数量巨大的平面革命文物是不可再生的宝贵文物资源。其中保留了文物所处历史时代的文化、艺术、社会、科学乃至语言等多个方面的信息。这些信息被一代代历史研究人员不断探索着，但只有其中一小部分被解读了，还有大量历史真相未被现代人了解。平面革命文物极脆弱敏感又易被破坏，不能反复提取与翻阅。通过数字技术对平面革命文物进行抢救性保护，研究人员研究时只需调取数字文件便能完成对文物的研究工作。在最大限度保障文物绝对安全的前提下，发挥了文物的最大价值，对红色革命文化的研究、宣传和教育具有重大实际意义。

4. 平面革命文物数字化中相机的使用

平面革命文物拍摄的关键在于选择合适的设备、科学布光、色彩准确还原。使用相机对平面革命文物进行数字化采集是目前最简便、最常用的方式。相机采集的优点在于整套设备投资成本较小，环境适应性强，能在大多数办公场所快速搭建，迅速开展拍摄工作。缺点在于受相机设备性能的制约，无法单张对较大尺寸的文物进行超高精度的采集。

4.1 选择合适的设备

相机采集设备包括相机、镜头、翻拍支架、摄影灯光四个部分。相机需采用有效像素3000万以上的设备，镜头需采用标准镜头或微距镜头，以避免镜头成像出现变形，镜头光圈选择最佳光圈。使用翻拍支架将相机固定在文物放置平台垂直正上方。

作为国家级展览馆，中国共产党历史展览馆使用的是可做前后组非对称俯仰和摇摆操作的仙娜大画幅数字相机。大画幅相机可通过前后镜头的摇摆与俯仰，创造出更广阔的有效像场，校正由于画框变形造成的立体焦平面变化而形成的透视畸变现象。在拍摄大型平面革命文物时，为确保采集精度，会对大型平面革命文物进行分段拍摄。进行多幅拼接工作时，大画幅相机可在保持机位不变的前提下，减少相邻两幅影像的重叠面积，有效地提高工作效率。

4.2 科学布光

光源的显色性及色温等参数直接影响到采集设备对被拍摄物颜色采集的准确性。在平面革命文物拍摄中，房间墙壁颜色最好为深灰色，室内光线应尽可能减弱，两支灯光放在平面革命文物的两侧，与其成45°夹角。相机尽可能远离被拍摄物体，以避免引起杂光反射或色彩污染。灯光需要采用性能稳定、色温标准的影室闪光灯。（图1）

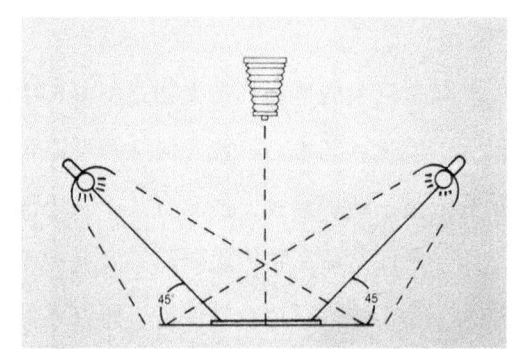

图1 拍摄平面革命文物的布光示意图

4.3 色彩准确还原

色彩准确还原一直是摄影中的一项专业而科学的工作，需要遵守科学系统的方法。

4.3.1 显示器的校对

在传统胶片时代，文物摄影师在拍摄过程中唯一可以干涉的环节就是拍摄和印刷校对。但在数字摄影时代，之前胶片的生产、运输、冲洗、电分等诸多流程都已消失，摄影师在整个拍摄过程中拥有了更强的控制力。这使摄影师对整个流程的色彩把控更具主动性。

显示器作为文物影像采集与后期加工的重要设备，为了达到文物色彩的精准还原，对显示器进行色彩管理是必要工作。在日常工作中，由于显示器的灯管亮度会随着使用时间增加而不断递减，因此，最好每隔一周就使用专业色彩管理软件对显示器进行校对。

4.3.2 标准色卡的使用

在拍摄平面革命文物时，若在同一光源场景下，应先将 24 色标准色卡放置在拍摄场景中，拍摄一张曝光正确的 RAW 格式照片，然后再开始正式拍摄。在后期处理时，使用 Photoshop 将这张带有 24 色标准色卡的 RAW 格式文件转换成 DNG 格式，再将 DNG 格式文件导入到与色卡配套使用的色彩软件中，生成含有此光源场景中正确色彩信息的相机色彩曲线并保存到 Photoshop 的相应文件夹中。在校对其他文物色彩时，只需使用 Photoshop 打开对应的 RAW 数字文件，加载之前生成的相机色彩曲线，就可实现同一光源场景下的所有文物的色彩统一校对。（图 2）

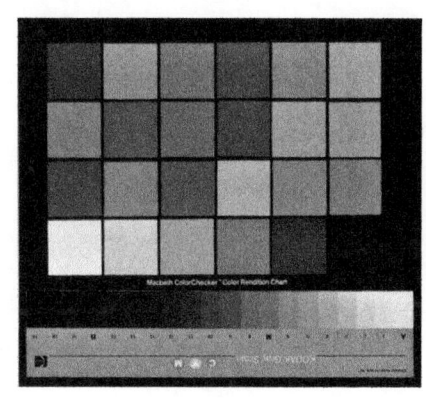

图 2　标准色卡

5. 平面革命文物拍摄技巧

平面革命文物数字化看似很容易，只需"咔嚓"即可。但若要拍摄一张真实准确的平面革命文物影像，不光需要摄影师具有扎实的摄影技术，更需要摄影师提高对文物的鉴赏水平，还要具备与时俱进地掌握最新摄影设备操作和不断创新的能力，并在工作中注意总结拍摄技巧。要将平面革命文物拍清楚，使细节清晰再现，就需要规范每个拍摄步骤。

5.1 固定好文物位置

拍摄平面革命文物时，为了获得最好的细节表现，拍摄时摄影师需要反复地调试相机与文物的相对位置关系，确保相机镜头与文物尽量垂直。在固定平面革命文物拍摄位置时，操作要极其小心。采取的方法必须要保证文物原件不会受到任何磕碰损害或灯光高温照射等伤害。使用以下几种方法可在保障文物原件安全的前提下，最大限度地保证平面革命文物的平整度：

第一，使用翻拍台垂直拍摄平面革命文物时，使用两条带有配重的带子可快速安全地将平面革命文物压平。但这种拍摄方法的前提是文物在画心外需有衬纸。（图3）

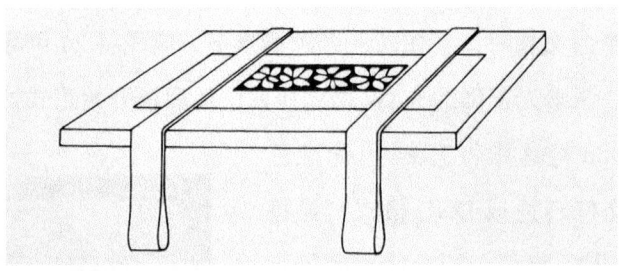

图3　固定平面革命文物的示意图（一）

第二，拍摄没有衬纸的平面革命文物时，绝不能在平面革命文物上直接使用胶带、大头针、图钉或黏合剂。这些道具的使用会给文物带来永久性的伤害。使用以下方法可避免拍摄道具直接接触原件，同时也可避免在翻拍过程中留下阴影。（图4）

首先，用泥胶将卡纸粘牢，压平文物；

其次，用泥胶将大头针粘住，压平文物；

最后，用大头针穿过纸带，再将纸带在翻拍板上粘牢，压平文物。

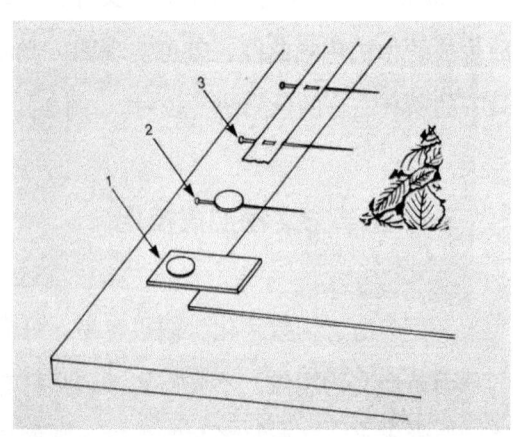

图4　固定平面革命文物的示意图（二）

5.2 文物细节的多层次表现

平面革命文物中大部分是文献、信件等纸质文物。仔细观察会发现这些纸质文物上面的字迹和墨迹有很多细节。中国画技法"墨分五色",指以水调节墨色多层次的浓淡干湿,出自唐代张彦远《历代名画记》:"运墨而五色具。"实际乃指墨色运用上的丰富变化。还有一些平面革命文物是书法或绘画作品,同样存在"墨分五色"的现象。拍摄时摄影师不光要掌握娴熟的摄影技巧,还要对不同年代不同质地的纸张、墨水(汁)、印章(印油)等的特点有深刻的了解。钢笔在书写时出水量是不同的,会在同一个字上出现不同颜色的字迹,拍摄时需要严格注意曝光量的控制。笔墨层次的变化完全由光照强度来控制,只有精准适度的曝光才能展现出字迹的无穷变化,把观众真正带入到文物所在的那段岁月。曝光过度,革命文物本身的色彩、年代感与肌理就表现不出来;曝光不足,文物中笔墨丢失层次,融为一团,失去了灵动的细节。

6. 使用大幅面平板扫描仪扫描实例

随着科技的不断进步,出现了更多采集平面革命文物的新设备,大幅面平板扫描仪是在高精度复制领域用得最多的设备。大幅面平板扫描仪,顾名思义就是指用于扫描大幅面原稿的工业级专业超高精度高端扫描仪,被广泛地应用于平面革命文物复制、装饰设计、陶瓷专业及印刷制版、纺织等领域。以中国共产党历史展览馆为例,中国共产党历史展览馆使用的是可变光平台式立体扫描仪,是目前最先进、功能最强大的平面革命文物数字化采集设备。它对书籍、档案、文献、书信、油画、国画等平面革命文物进行高精度扫描,获取文物的色彩和三维结构信息,建立数据资源库,为学术研究、文物复制、文物鉴定等专业领域提供了素材库和数字依据。大幅面平板扫描仪的使用,是对以往技术的补充,很好地解决了一些传统影像采集方法不能完成的工作。

6.1 雷锋日记本

中国共产党历史展览馆陈列的雷锋日记本,里面记录了一个无产阶级革命战士的成长经历和日常生活的点点滴滴,记载了一名普通党员的追求、信念和操守。它是最能直接反映雷锋先进思想和雷锋精神的重要文物。

雷锋日记本属于常见的平面革命文物类型，采集方法具有一定的代表性。拍摄前通过观察文物现状，发现雷锋日记本虽年代久远，纸张表面轻微发黄、笔记内页略微褶皱，但整体保存状况良好。针对雷锋日记本的特点，使用大幅面平板扫描仪来完成对文物的采集。该设备采用冷光源、非接触式的采集方式，在精确完成任务的同时，最大限度地保证文物安全。该设备感光元件采用线性 coms，通过逐行扫描的方式进行成像。扫描系统拥有自动光平衡功能，复合扫描时自动去除反光，保留色彩高光和暗部细节，层次丰富的感应能力确保每个通道层次细腻无噪音，很好地解决了布光问题。扫描过程中，四组 LED 灯组从文物上方约 35 厘米处匀速扫过，整幅图片采用同一光源，形成照度均匀一致的照明效果。

实际操作时，先开启扫描仪进行扫描灯光预热，使灯管照度、色温趋于稳定再使用塑料卡尺测量文物厚度，并在扫描软件中输入相应参数，确定对焦数值。然后由藏品管理员将文物放置于背景纸上，并在文物旁放置标准色卡。为满足未来对文物影像的多种精度需求，最大限度地减少文物反复扫描次数，我们使用设备的最大扫描精度进行扫描，一次性获得该设备能达到的最佳质量文件。最后通过预览确定扫描范围，正式扫描后获得最终文物影像文件。（图 5）

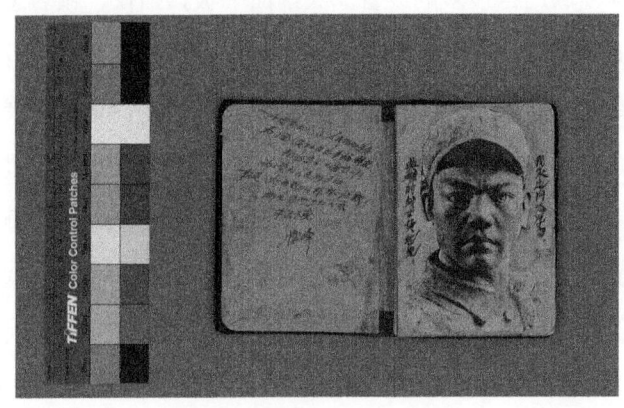

图 5　雷锋日记本扫描图

6.2　李大钊被捕后的亲笔自述

李大钊（1889—1927），字守常，河北乐亭人。中国共产主义运动的先驱，伟大的马克思主义者，杰出的无产阶级革命家，中国共产党的主要创始人之一。中国共产党成立后，李大钊代表党中央指导北方的工作，在北方广大地区宣传马克思主义，开展工人运动，建立党的组织。1922年至1924年，他受党的委托，奔走于北京、上海、广州之间，帮助孙中山改组国民党，为建立第一次国共合作的统一战线做出重大贡献。李大钊还领导北方党组织配合五卅运动，配合北伐胜利进军，开展反帝反军阀斗争，为大革命胜利推进做出卓越贡献。

1927年4月6日，奉系军阀张作霖和帝国主义相勾结，在苏联驻中国使馆内将李大钊等人逮捕入狱。狱中，李大钊在困难的条件下写下自述，共有三稿。自述中，他回顾了自己一生宣传马克思主义、拯救民族危亡的革命经历，抒发了一个革命者高尚的情怀，字里行间表现出大义凛然的英雄气概。他身陷囹圄，仍然一心为了民族解放，为了"再造"和"振兴中国"，继续阐述其革命主张，充分表达了他坚定的信仰和伟大的抱负。为了保护同时被捕的其他同志，他表示自己"负其全责"，要敌人"对于此等爱国青年，宽大处理，不事株连"。在自述书的最后，他自豪地说："钊自束发受书，即矢志努力于民族解放之事业，实践其所信，厉行其所知，为功为罪，所不暇计。"1927年4月28日，张作霖不顾社会舆论的反对，下令将李大钊等20名革命志士秘密押到北京西交民巷京师看守所刑场施以绞刑。面对绞刑架，李大钊从容不迫、大义凛然，第一个走上绞刑架英勇就义，牺牲时年仅38岁。

李大钊狱中亲笔自述的最后一稿，全文共计2818字，用毛笔小楷书写在13页稿纸上，后被粘接在一起。文物纵23.1厘米、横156.2厘米，属于超长尺寸文物。由于要保证文物影像的清晰度，传统相机采集方法只能采取分段拍摄的方式进行，采集后通过后期合成技术，拼接成一件完整文物。但受相机镜头和灯光性能的限制，很难保证每幅画面没有变形且曝光值和清晰度完全一致，拍摄出的影像为后期拼接工作带来很大困难。采用大幅面平板扫描仪扫描则没有这方面问题的困扰。扫描仪的扫描面积远远大于文物本体，采用科学稳定的线性逐行扫描方式和高精度数字镜头，生成质量稳定的图像，不会造成畸变和光线不均匀的现象，一次性获得完整的文物数据，为实现超长规格文物的高精度影像采集提供了便捷、高效的途径。（图6）

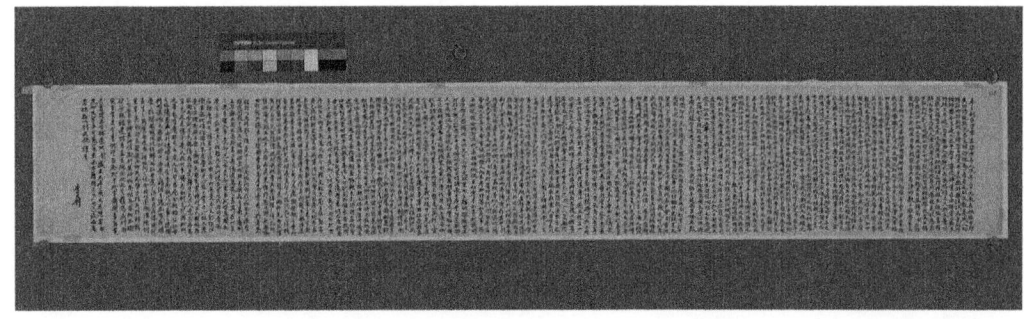

图 6　李大钊被捕后的亲笔自述扫描图

6.3 "艰难缔造"旗

南昌起义打响了武装反抗国民党反动第一枪，标志着中国共产党领导的中国革命的新阶段——第二次国内革命战争的开始。从这时起，中国人民自己的军队诞生了。1942 年 8 月 1 日，在南昌起义 15 周年之际，身处重庆的中共中央南方局的同志们回想起那个激动人心的夜晚，想到人民军队建立的艰辛历程和周恩来为人民军队建立所做出的巨大贡献，于是决定制作一面锦旗。他们找来了一块红色绸缎，由董必武手书，从右至左写下"艰难缔造"四个大字，并在其后竖书"献给南昌起义奠定八路军初基的领导者周恩来同志"字样。最后，大家纷纷签上自己的名字，有董必武、邓颖超、徐克立、张颖、刘昂等 28 人，落款为"一九四二年八一纪念日献"。南昌起义是一段刻骨铭心的记忆，周恩来将锦旗收下，并交由邓颖超妥善保管。中华人民共和国成立后，西花厅成了周恩来和邓颖超办公、居住的地方，这面锦旗被邓颖超珍藏在卧室床前的小保险柜中。1992 年邓颖超去世后，工作人员在整理邓颖超遗物时，在小保险柜中发现了这面锦旗，它被两位伟人珍藏了 50 年之久。

"艰难缔造"旗由丝绸质材料构成，以前使用传统相机拍摄这类文物较为棘手。由于文物材质的特殊性，易产生大量褶皱，在拍摄时这些褶皱需要文物管理员极其耐心地慢慢抚平。这大大影响了拍摄效率，且效果也不十分理想。大幅面平板扫描仪具有自感应吸附功能，采集时将文物平放在扫描仪上，开启负压吸附功能，通过气压的变化，使文物更好地吸附在扫描平台上，褶皱情况大为改善。这样非接触式扫描最大限度地保障了文物的绝对安全，一次性获得平整清晰的文物影像。（图 7）

主题四：数字化展览与讲好中国（历史）故事

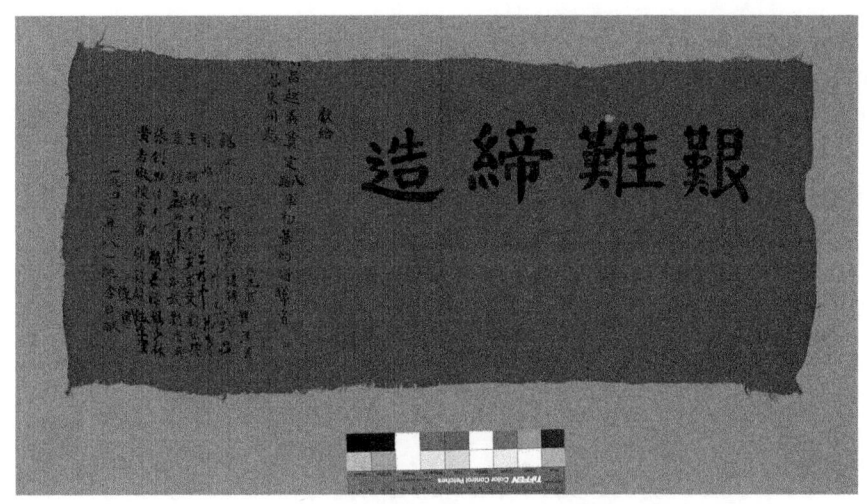

图7 "艰难缔造"旗扫描图

习近平总书记指出："革命文物承载党和人民英勇奋斗的光荣历史，记载中国革命的伟大历程和感人事迹，是党和国家的宝贵财富，是弘扬革命传统和革命文化、加强社会主义精神文明建设、激发爱国热情、振奋民族精神的生动教材。"

加强革命文物保护利用，功在当下，利在千秋。今天的我们能够看到一件件饱含历史记忆和家国情感的革命文物，离不开一代代博物馆人的努力工作。我们要充分认识革命文物工作对于见证革命历史、弘扬革命精神的重要作用。切实把革命文物保护好、管理好、运用好，发挥好革命文物在党史学习教育、革命传统教育、爱国主义教育等方面的重要作用，不断增强民族凝聚力、民族自豪感，不断增强实现中华民族伟大复兴的精神力量。

跨界融合：AR 场景设计在文化古街中的应用与实践研究

赵哲涵*

摘要：目的：探寻数字化公共艺术设计在三坊七巷古街中的应用与实践的可能性。

方法：分析 AR 场景设计介入文化古街的作用和意义，进而分析 AR 场景设计介入公共艺术的未来发展趋势。

结果：AR 场景设计介入文化古街有助于改善公共空间的艺术体验，推动城市的创新发展和提升城市形象等。

结论：AR 场景设计在文化古街中的应用与实践能够促进数字技术和城市空间的融合，推动公共艺术的数字化和科技化，进一步增强城市的文化软实力，为城市的发展注入新的动力和活力。

关键词：AR 场景设计；数字化公共艺术；文化古街

随着数字化技术的不断发展，数字化公共艺术设计在文化旅游领域的应用也越来

---

* 赵哲涵，中央美术学院，北京，100102。

越广泛。文章以福州市三坊七巷为例，探讨了 AR 场景设计在文化古街中的应用与实践，为数字化公共艺术设计在文化古街中的应用提供参考。文章介绍了数字化公共艺术设计和 AR 技术的概念及其在文化旅游领域中的应用现状，分析了三坊七巷的文化底蕴、历史背景和现状，并提出了数字化公共艺术设计在该地区的应用意义和可行性。文章以三坊七巷为实例，详细介绍了 AR 场景设计介入文化古街的方式及作用，通过案例分析展示了数字化公共艺术设计在文化古街中的应用效果和体验感受。文章总结了数字化公共艺术设计在文化古街中应用的优势和影响，并介绍了未来的发展趋势。文章的研究成果表明，AR 场景设计在文化古街中的应用可以有效地提升游客的参观体验和文化认知，同时也有利于地方文化的传承和发展。然而，数字化公共艺术设计在文化旅游领域的应用仍面临着技术、文化和管理等方面的挑战。因此，需要进一步落实加强技术研发和人才培养，加强文化保护和管理，加大政策和法律支持等方面的工作，以推动数字化公共艺术设计在文化旅游领域的持续发展。

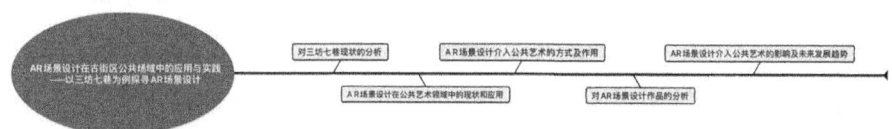

图 1

古街文化是中国传统文化中特有的一种文化形态，主要表现在古老的城市或镇中，这些城市或镇在历史上曾经是商业、政治、文化中心，有着悠久的历史和深厚的文化底蕴。古街文化融合了地方文化、商贸文化和民间文化，是中国传统文化中重要的组成部分。古街文化在中国历史文化中具有非常重要的地位。通过古街文化，人们可以了解到当地城市的历史演变，了解传统建筑、文化、手工艺等方面的传承与发展，更好地体验当地的民俗风情和文化氛围。近年来，古街文化在中国得到了广泛的关注和保护。三坊七巷是福州市的一个古老街区，也是中国保存最为完整的古街文化之一，是福州市历史文化的代表性区域之一。与古街文化的其他代表区域相比，三坊七巷保存着非常完整的历史建筑群，同时也保留了福州本地特有的文化传统和习俗。通过保护和传承三坊七巷的古街文化，福州市不仅维护了历史遗产和文化记忆，同时也推动了旅游业和文化产业的发展。此外，通过挖掘和展示三坊七巷的文化内涵，也有助于加强当地居民的文化认同和自我价值感。

增强现实（AR）是一种将虚拟信息与现实世界相结合的技术。AR场景设计在公共艺术领域正逐渐受到重视和应用。随着AR技术的不断发展，它已经成为公共艺术领域创新的一种方式。在公共艺术领域，AR场景设计可以提供一种新颖的方式来增强人们对公共艺术作品的体验和理解。AR技术能够将数字内容与真实世界中的环境相结合，通过AR应用程序呈现出虚拟世界的图像和声音，从而实现了与传统艺术不同的艺术体验。AR场景设计在公共艺术领域的应用范围十分广泛，涵盖了雕塑、建筑、绘画、数字媒体等多个领域。在城市中，AR场景设计可用于创建虚拟公共艺术品，如虚拟雕塑、建筑立面投影和数字艺术墙等。在博物馆和艺术展览中，AR场景设计可用于增强展览的互动性和视觉效果，让观众更深入地了解展览内容。虽然AR场景设计在公共艺术领域的应用尚处于初级阶段，但随着AR技术的不断发展和普及，AR场景设计在公共艺术领域的应用前景十分广阔。AR（增强现实）技术可以将虚拟的三维场景与真实的环境结合起来，使人们在真实的场景中获得更加丰富、真实的体验。在三坊七巷这样的古街文化区域，AR技术可以为游客带来更加全面、生动的文化体验。在AR场景设计中，可以结合三坊七巷的历史文化和建筑特色，创造出各种丰富的虚拟场景。例如，在古建筑上加上AR标记，游客可以通过手机或平板电脑观看建筑的历史文化背景、建筑风格特色以及建筑内部的设计布局等信息。又如，可以在某些角落设置虚拟的历史人物，通过AR技术还原历史场景，让游客身临其境地了解当时的社会文化、人物故事等。此外，还可以利用AR技术创建虚拟互动游戏、文化展示等，让游客在游览的过程中获得更加丰富、有趣的文化体验。通过AR技术与古街文化的结合，可以提升游客的参与感和体验感，增加游客的文化认知度和文化价值感，同时也为文化旅游业的发展带来新的机遇和挑战。

主题四：数字化展览与讲好中国（历史）故事

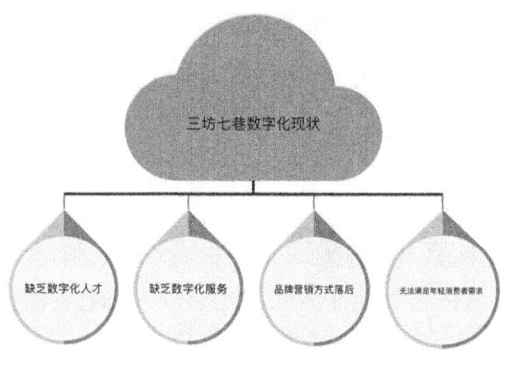

图 2

三坊七巷作为福州市历史悠久的文化古街区，由三条主街道和七条支街组成，是福州市的历史文化名片之一。然而，随着城市的发展和变迁，三坊七巷所面临的产业发展问题也日益突出。三坊七巷的产业发展主要以传统手工业和小微企业为主，数字化转型程度较低，难以适应现代市场的需求。第一，缺乏数字化人才。由于传统产业的特点，三坊七巷的产业缺乏数字化人才，无法有效地推进数字化转型。第二，缺乏数字化服务。三坊七巷的传统产业主要以手工艺品、老字号小吃店等为主，缺乏数字化服务，无法提供个性化、多样化的服务。第三，品牌营销手段落后。由于缺乏数字化营销手段，三坊七巷的传统产业在市场上缺乏品牌影响力，难以形成强大的市场竞争力。第四，无法满足年轻人的消费需求。由于年轻人的消费需求方式越来越数字化，三坊七巷的传统产业无法满足这一群体的消费需求，难以吸引他们前来消费和体验。

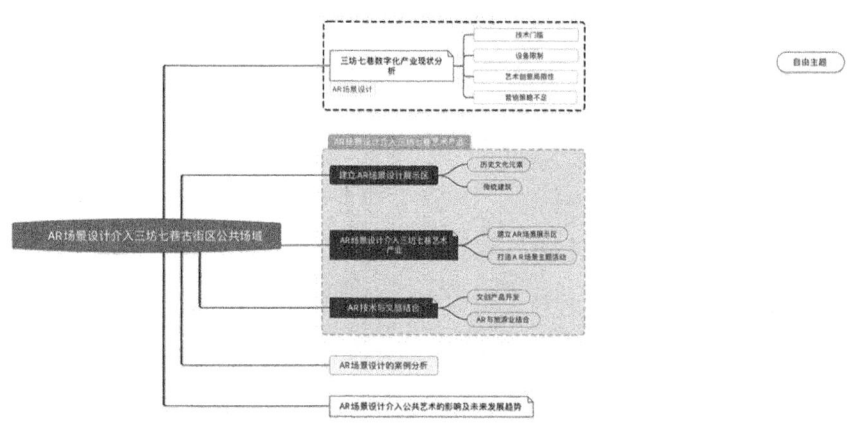

图 3

AR 场景设计作为一种新兴的数字艺术形式，介入三坊七巷艺术产业发展具有很大的潜力，可以通过以下方式介入公共艺术。首先，建立 AR 场景设计展示区。在三坊七巷内指定一个区域，建立 AR 场景设计展示区，利用 AR 技术将三坊七巷的历史文化元素、传统建筑等进行数字化展示，让游客可以通过 AR 设备亲身体验和感受历史文化的魅力。其次，打造 AR 场景设计主题活动。针对三坊七巷的特色和文化元素，打造具有主题性的 AR 场景设计活动，比如以三坊七巷的历史文化为主题，制作互动式 AR 游戏，吸引更多的游客前来体验。再次，结合 AR 技术提供旅游解说服务和利用 AR 技术进行文创产品开发。结合 AR 技术，为游客提供更加生动、直观的旅游解说服务，通过 AR 场景设计的形式，将历史文化与现代科技相结合，让游客可以在旅游过程中更好地理解三坊七巷的历史文化。利用 AR 技术，开发具有三坊七巷特色的文创产品，比如以三坊七巷的传统建筑为主题的 AR 明信片、AR 书籍等，为游客提供更加丰富多彩的旅游纪念品。最后，举办 AR 艺术展览活动。在三坊七巷内举办 AR 艺术展览活动，展示 AR 场景设计师的优秀作品，同时通过展览吸引更多的游客前来参观和体验，促进三坊七巷艺术产业的发展。以上方式可以结合实际情况进行灵活组合与创新，以满足游客的需求和提升三坊七巷的知名度和影响力。

AR 是一种将虚拟信息叠加到现实世界中的技术，它已经被广泛应用于文化古街公共艺术中，为人们带来了全新的艺术体验。在公共艺术中，AR 场景设计可以通过将数字艺术品与现实世界相结合，为观众带来更加丰富的视觉体验。比如可以将建筑物、雕塑或公园中的景观增强为数字艺术品。观众可以使用 AR 应用程序或设备，以不同的视角、光线和颜色来欣赏这些增强的数字艺术品，从而产生更加丰富和深入的理解。AR 场景设计还可以为文化古街公共艺术提供更多的互动性和参与性。观众可以使用 AR 应用程序或设备与数字艺术品进行互动，比如可以在艺术品周围漫步、拍照、分享和评论。这些互动可以让观众更深入地参与到公共艺术中，从而产生更加深刻的体验和回忆。AR 场景设计在文化古街中的运用是通过 AR 技术为游客提供丰富、生动、沉浸式的旅游体验。这种技术可以将虚拟的数字内容与真实的环境相结合，让游客可以在古街中看到虚拟的建筑、人物等信息，同时也能够获取更多关于古街的历史、文化和特色的信息。AR 场景设计在文化古街中运用的具体应用方式有以下几种：（1）AR 导览：在古街中设置 AR 导览设备或开发手机 APP，为游客提供古建筑、历史遗迹、文化传统等的实时定位和讲解,让游客更加深入地了解古街的历史和文化。(2)AR游戏:通过在古街中设置AR游戏(图4),让游客参与其中,沉浸在古街的历史和文化之中,增强游客的参与感和体验感。(3)AR表演:在古街中进行AR表演,将历史文化与现代科技相结合,呈现出一场别开生面的文化盛宴,为游客提供更加丰富的文化体验。(4)AR体验:通过AR技术,为游客提供沉浸式的体验,让游客穿越时空,了解古城的历史、文化和风貌,增强游客的参与感和体验感。AR场景设计在文化古街中的运用可以为游客提供更加深入的了解和体验,同时也能为当地旅游业的发展和推广带来新的机遇。这些AR场景设计作品都为文化古街的公共艺术、文化旅游等方面带来了全新的体验和价值。通过AR技术,游客可以更加深入地了解和感受文化古街当地的历史、文化和艺术价值,同时也促进了城市的文化交流和发展。

图4

三坊七巷作为福州市历史文化名街区之一,具有浓郁的历史文化底蕴和特色建筑风貌。作为一处文化旅游景点和艺术产业聚集区,三坊七巷的艺术产业发展具有重要的意义。AR场景设计作为一种新的公共艺术形式,有望为三坊七巷的艺术产业带来多方面的推动和发展。(1)为三坊七巷带来新的艺术元素:AR场景设计可以为三坊七巷带来新的艺术元素，丰富景区的文化内涵，提升景区的吸引力和知名度。（2）在提升艺术品位和品质方面：AR场景设计具有艺术创新性和技术先进性，可以为三坊七巷的艺术产业注入新的活力和动力，提升艺术品位和品质。（3）在拓宽艺术作品的观看范围方面：AR场景设计（图5）可以通过数字技术将艺术作品的观看范围扩大到全球范围，让更多的人能够欣赏和体验三坊七巷的艺术作品，增加艺术的影响力和传播力。（4）在推动艺术与科技的融合方面：AR场景设计作为一种融合了艺术和科技的全新形式，可以促进艺术和科技融合，推动数字技术在艺术产业中的应用和发展。（5）在促进旅游产业的发展方面：AR场景设计可以为三坊七巷的旅游产业带来新的增长点和利润来源，推动旅游产业的创新发展和提升服务品质。

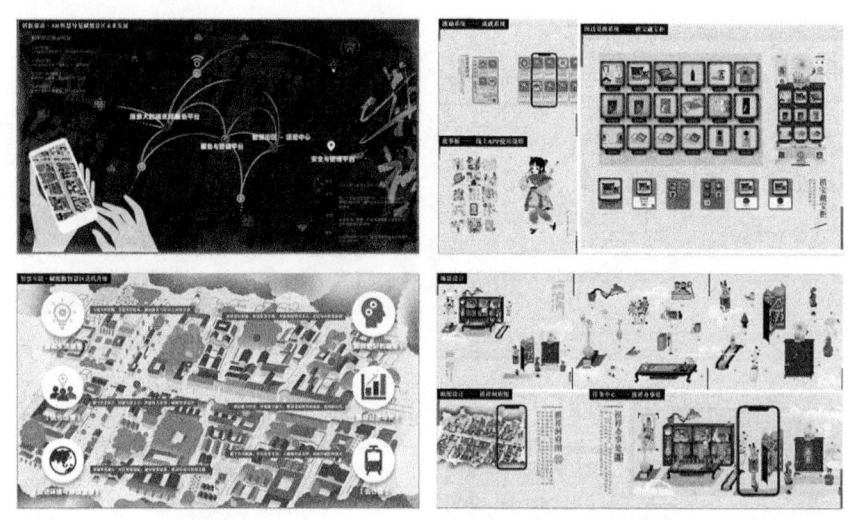

图5

图6

主题四：数字化展览与讲好中国（历史）故事

AR 场景设计可以为文化古街公共艺术场域带来多种作用，增强公共艺术作品的视觉效果 - AR 技术可以将虚拟图像与现实世界相融合，从而使观众可以看到更多的图像和信息，增强公共艺术作品的视觉效果和吸引力。AR 场景设计作为一种新型数字艺术形式，可以为三坊七巷艺术产业的发展带来如下作用和意义：其一，丰富艺术创意。AR 场景设计可以将数字技术与三坊七巷文化融合，从而丰富艺术创意，提升艺术作品的魅力和艺术性。其二，提升景区知名度。通过 AR 场景设计，三坊七巷可以推出更为具有创意性和科技含量的艺术作品，吸引更多的游客前来参观，提升景区的知名度和影响力。其三，推动文化创意产业的发展。AR 场景设计具有很高的市场前景和商业价值，可为三坊七巷的文化创意产业带来新的发展机遇和商业利润。其四，提升旅游体验。AR 场景设计可以为游客带来全新的旅游体验，增强游客的参观体验，提升旅游产业的服务品质和水平。总之，AR 场景设计作为一种全新的公共艺术形式，可以为三坊七巷的艺术产业带来创新的思维和方式，推动文化创意产业的发展，提升景区的知名度和影响力，加强艺术与科技的融合，提升旅游体验和服务品质，为三坊七巷的艺术产业注入新的动力和活力。

AR 场景设计作为一种新的公共艺术形式，将虚拟的艺术元素融入城市空间中，为公共艺术和城市空间带来了多方面的作用和影响：其一，引领公共艺术的发展方向。AR 场景设计的出现将推动公共艺术向数字化和科技化的方向发展。其二，促进城市文化的创新。AR 场景设计的推广和应用将促进城市文化的创新和进步，为城市文化的发展注入新的动力。其三，推动数字技术和城市空间的融合。AR 场景设计的应用将促进数字技术和城市空间的融合，推动城市空间的智能化和数字化。其四，提高城市文化软实力。AR 场景设计的出现将提高城市的文化软实力，让更多的人对城市产生好感和认同感。其五，增加城市的艺术氛围。AR 场景设计的推广和应用将增加城市的艺术氛围，提升城市的文化品位和品质。

AR 是将虚拟元素叠加到现实场景中的技术，可以为观众创造出各种奇妙的交互体验。在设计 AR 场景时，需要结合目标场景的特点和文化背景进行创作。针对福建省福州市三坊七巷的公共艺术空间，以下是一些可能的 AR 场景设计方案：

AR 导览：为了方便游客了解三坊七巷的历史和文化，可以开发一个 AR 导览应用程序，通过扫描特定标识或者景点，为游客呈现出该景点的历史、文化、建筑等方面的介绍。AR美术馆：将三坊七巷的公共艺术空间打造成一个AR美术馆，通过在街道、建筑等场景中添加虚拟艺术品，让游客感受到不同的艺术氛围和主题，增加游览的趣味性和艺术感。AR传统文化体验：将传统文化元素与AR技术相结合，为游客带来特别的传统文化体验。例如在特定的场景中，可以呈现出戏曲表演、传统手工艺制作等方面的内容，让游客更深入地了解福州的传统文化。AR互动体验：在三坊七巷的公共艺术空间中添加AR互动游戏，吸引游客的参与。例如在游客走过特定的街道时，可以出现虚拟的小动物或者传统乐器，游客可以与之互动，增加游览的趣味性。AR技术可以为三坊七巷的公共艺术空间增添新的趣味和体验，吸引更多游客的关注和参与，同时也可以更好地展现福州的历史、文化和艺术魅力。AR技术可以为福州市三坊七巷的公共艺术空间设计提供许多新的可能性，增强游客的文化体验和社区居民的文化参与。同时，也需要注意在AR应用设计中保护和尊重传统文化的价值和内涵，避免对文化遗产的损害。

随着AR场景设计在三坊七巷艺术产业中的引入和应用，新的创意和互动体验为古街注入了新的活力。然而，我们也必须承认，在这个融合的过程中存在一些不足之处。（1）技术门槛较高：AR场景设计需要结合现有的数字技术，包括3D建模、编程、虚拟现实等技术，对设计师和技术团队的要求较高，可能会增加项目的研发成本和难度。（2）设备限制较大：AR场景设计需要搭配特定的设备才能呈现出完整的效果，例如手机、平板电脑等，这可能会限制一些游客的体验，同时也增加了设备的购买和维护成本。（3）艺术创意的局限性：AR场景设计需要结合三坊七巷的文化背景和历史元素，如果设计师的艺术创意受到限制，可能会影响AR场景设计作品的艺术价值和吸引力。（4）营销策略的不足：AR场景设计作品的推广和宣传需要结合精准的营销策略，引导游客前来体验和参观，但如果营销策略不够成熟和完善，可能会影响AR场景设计作品的知名度和观众数量。AR场景设计作为一种新兴的数字艺术形式，介入三坊七巷艺术产业发展具有很大的潜力，但也存在一些不足，需要通过技术创新、艺术创意的深入挖掘以及设备和营销策略的不断优化来解决。尽管AR场景设计在三坊七巷艺术产业发展中带来了创新与活力，但我们也必须正视其中的不足之处。在进一步推动AR场景设计与古街艺术产业融合的过程中，需要加强技术研发与创新，寻找更加精准的传统与现代的平衡点。注重传承与创新的结合，让AR场景设计成为古街艺术产业发展的有力助推器。通过多方合作与不断探索，我们有信心克服这些挑战，为三坊七巷的艺术产业带来更加繁荣和可持续的未来。

综上所述，AR 场景设计作为一种新的公共艺术形式，可以对公共艺术和城市空间产生积极的影响，让城市文化更加丰富多彩，让游客在欣赏艺术作品的同时能够享受科技带来的乐趣和创新。AR 场景设计为公共艺术和城市空间带来了多方面的作用和影响，它不仅丰富了城市文化的元素，改善了公共空间的艺术体验，还可以为公共艺术作品拓宽观众范围，推动城市的创新发展和提升城市形象。同时，AR 场景设计的出现也为公共艺术的未来发展方向指明了一条新的路线，它将促进数字技术和城市空间的融合，推动公共艺术的数字化和科技化，进一步增强城市的文化软实力，为城市的发展注入新的动力和活力。三坊七巷是福州市历史文化名街区之一，具有浓郁的历史文化底蕴和特色建筑风貌。作为一处文化旅游景点和艺术产业聚集区，三坊七巷的艺术产业发展具有重要的意义，AR 场景设计有望为三坊七巷的艺术产业带来多方面的推动和发展。

参考文献

[1]王中、李震、丁亚慧：《AUD 艺术导向的城市设计：中央美术学院的公共艺术教育与实践》，《公共艺术》2021 年第 2 期。

[2]范茂源：《增强现实技术（AR）商业应用中商标淡化问题研究》，华中科技大学硕士学位论文，2021 年。

[3]张明：《从索耐特到荷兰设计——阿姆斯特丹博物馆的 125 周年》，《装饰》2020 年第 7 期。

[4]李明燃：《基于虚拟现实技术（VR）的当代公共艺术——虚拟与现实技术的应用与研究》，中央美术学院硕士学位论文，2021 年。

试论古籍基础影像资料采集工作的价值、规范和难点

胡一抒[*]

摘要：文物数字化是当今博物馆、图书馆文物保护利用的重要手段之一，古籍作为重要的文物类别，其数字化工作的根本是基础影像资料采集。基础影像资料采集具有多重重要价值；古籍基础影像资料采集要进行严格的人员培训，采集过程遵循科学的采集规范；此外，古籍基础影像资料采集还必须处理保护与"扰动"的关系等难点。

关键词：古籍数字化；影像资料采集；保护；利用

自20世纪90年代以来，博物馆、图书馆的数字化建设方兴未艾，如火如荼。其中，古籍数字化是非常重要的数字化建设工程，"古籍数字化是以保存和普及传统文化为基本目的，以知识发现的功能服务学术研究为最高目标，在对传统纸质古籍进行校勘整理的基础上，利用计算机技术将其转换成可读、可检索，及实现了语义关联和知识重组的数字化信息的过程。"[1] 习总书记要求我们："要运用现代科技手段加强古

---

[*] 胡一抒，故宫博物院图书馆，北京，100009。

籍典藏的保护修复和综合利用，深入挖掘古籍蕴含的哲学思想、人文精神、价值理念、道德规范，推动中华优秀传统文化创造性转化、创新性发展。"因此，古籍工作，尤其是古籍数字化工作，时不我待。古籍数字化的基础工作是影像资料采集，为古籍文物的研究、展览、保护和利用等提供了更为精准的信息储备和技术支持，越来越受到业界的重视。

1. 古籍基础影像资料采集工作的价值

吉林大学 2007 届硕士毕业生林海慧的学位论文《从信息学角度对我国博物馆与图书馆所做的对比研究》认为，博物馆的数字信息的馆内来源是"有形物质载体以及其他载体的馆藏转化成的以数字化形式存在的信息资源"。博物馆馆藏的数字信息采集加工是博物馆信息化系统建设的基础性工作，"资源信息的采集、数字化加工是应用系统建设的基础"[2]。数字采集工作量非常大，占到了博物馆信息化系统建设"将近 80% 工作量"[3]。对于图书馆而言，数字采集亦即基础影像资料采集是古籍数字化工作的基础，"古籍是传统文化的瑰宝，是记录和传承国家传统文化的重要载体，古籍数字化则是古籍保护、传承与发展的重要手段"[4]，具有重要的价值和意义。

1.1 古籍基础影像资料采集有利于古籍文物的管理工作

古籍基础影像资料采集的信息化管理工作提供了清晰且翔实的图像资料，工作人员根据图像信息便可直接了解文物信息，获取所需内容，减少了工作人员出入库房及提取文物的次数，实现了古籍文物管理和保护的数字化、科学化，大大提高了工作效率。

1.2 古籍基础影像资料采集有利于古籍文物的研究工作

古籍文物基础影像资料采集工作补充了古籍文物藏品的数据资料信息，为古籍文物的研究工作提供了更为便捷的搜索及查询方式，解决了古籍的"藏用矛盾"。"古籍文献的'藏用矛盾'主要就是古籍文献价值与版本价值之间存在冲突，不能确保收藏与利用的效果。而古籍的数字化发展可以有效解决此类问题，它不仅可以强化古籍文献资源保护和利用的力度,而且可以协调二者之间的关系,从而确保工作的有效开展。"[5]工作人员利用电脑强大的检索功能,可以通过字、词、句为单位,查找和搜索对应的藏品影像,甚至进行多种方式的复杂检索。特别是古籍文物图像经过编辑制作后,能更为精确地展示古籍原貌,甚至呈现出更为真实且清晰的细节部分,配合古籍文物概况,实现文物的再认识,为研究工作带来了便利,拓宽了研究的视野和渠道。

1.3 古籍基础影像资料采集有利于古籍文物的展览工作

古籍基础影像资料采集为展览工作提供了有效的数据支持,特别体现在展览前期筹备工作中,展览筹备组通过网上预览藏品信息,从初步选择展品到最终确定展品,直接通过古籍数字化影像来实现,有效地避免了文物重复提取和归还所带来的烦琐步骤和文物损伤。此外,清晰的古籍文物图像更利于展览专题及内容的设计,形成高质量的展览大纲。

1.4 古籍基础影像资料采集有利于古籍文物的保护、修复工作

"面对虫噬鼠咬、保管不当或其他不可抗力因素导致许多珍贵古籍消失在历史长河的现象,古籍数字化保护工作应运而生。"[4]古籍文物基础影像资料采集工作保存记录了古籍文物现状,帮助工作人员梳理和确认文物伤况,提供最为直接的理论数据,便于向相关部门反馈信息,及时进行修补,以达到更好地保存利用。

1.5 古籍基础影像资料采集有利于业务人员的成长

对于业务人员来说,古籍基础影像资料采集是一个非常好的学习机会。采集过程中,资深老员工可以发挥传帮接代作用,将自己所掌握的古籍专业知识主动传授给年轻同事,而年轻同事在遇到不解的问题时,积极向资深同事学习请教,全体工作人员的专业技术能力都可以提高。如对拍摄图像的名称不确定时,可以相互协商,统一意见,最终确定出最恰当的名称。再如拍摄中发现一些新颖的内容、包装、文字或者印章等,可以相互分享和学习,教授者和学习者均受益匪浅。

2. 古籍基础影像资料采集工作的基本规范

古籍基础影像资料采集工作具有重要的价值。在进行该工作的过程中，要重视人员培训，遵循严谨的拍摄规范，力争保持文物的原始面貌，以呈现出文物更为真实的图像。

2.1 要进行严格的人员培训

首先，古籍文物基础影像资料采集工作要求工作人员怀揣一颗敬畏之心，不仅具备专业的历史知识，还要熟悉文物，了解文物真实状态，同时兼顾掌握美学知识，培养艺术修养，将古籍文物的细节和特征在拍摄过程中充分展现出来，用图像解读古籍文物的真实性和科学性。

其次，古籍文物基础影像资料采集工作要求工作人员具有严格的安全意识。在触碰文物前，要将戒指、手表、首饰等佩戴物摘下，以避免刮伤和磕碰到古籍文物。在拍摄时，科研人员穿工作服，佩戴口罩，保持双手清洁、干燥，用双手捧握古籍两侧，轻拿轻放于案桌上，然后根据拍摄内容进行摆放或进行书页的调整，专业的操作手法有效地保证了古籍文物的安全。工作人员在日常工作中要熟练掌握古籍文物的特征，并根据其特征选择合适的拍摄角度和内容，充分展现其历史文化含义。

2.2 要遵循科学的拍摄规范

2.2.1 拍摄前期的准备工作

为了将古籍文物较完美地呈现于镜头内，工作人员在 1m×1.2m 案桌中间摆放直角钢尺，让古籍文物固定于镜头范围内。另外，海绵成为必需品，将其垫于古籍下面以保持书页在拍摄中的平衡。在操作中，经过年代的冲刷，古籍会出现"掉渣"的情况，为了保持画面的干净，配备了毛刷和防尘布，随时清理古籍文物周围的灰尘和碎屑，利于后期图片的裁剪。

2.2.2 拍摄

古籍文物拍摄是整个流程中的重要环节。为了保持图像色彩准确、焦点清晰，拍摄的光线和角度都要做到精益求精，最终达到图像透视合理、角度适中。拍摄中，工作人员根据古籍文物的外观、内容等特征对古籍文物进行实际操作，摄影师在拍摄技巧、构图、造型以及背景处理上给予专业的建议，最终用图像内容诠释古籍历史实物资料。

2.2.3 图像审核

工作人员与摄影师一起核对图像内容，做到"即拍即审"，待核对完毕图像名称，确认无误后方可进行修图。核对图像过程中，凡涉及古籍文物图像中的文字、包装等专业问题，工作人员会在第一时间给出意见并及时纠正错误。

2.2.4 图像后期处理

拍摄组专业的修图人员使用电脑修图，对图像的大小和方向精细调整，力求最大限度地呈现出古籍原始的色彩及形态，而古籍的破损、虫蛀、水渍以及新旧情况更能清楚地展现出来。

2.2.5 系统录入

古籍文物图像上传到"影像资源管理系统"，工作人员可随时调取查询，系统以最直观的影像展现文物原貌，并附有检索书号、影像名称、拍摄内容等信息。工作人员可再次核对图像信息，保证图像的有效利用。

3. 古籍基础影像资料采集工作的难点

不可避免地，古籍基础影像资料采集也有一些难点，要处理保护与"扰动"的关系，避免拍摄过程中古籍受到损伤；要处理现有技术水准与前瞻性的关系，避免现在采集的影像在短时间内落伍；此外，古籍基础影像资料采集目前难以适应人工智能的发展。

3.1 古籍基础影像资料采集过程中要处理保护与"扰动"的关系

古籍基础影像资料采集工作给了工作人员频繁接触古籍文物的机会，对于一些损毁十分严重的古籍文物，在搬运和拍摄过程中的"扰动"难免会使其受到再次损害，这就提醒了工作人员要更为谨慎小心地触碰古籍。工作人员要做到精神高度集中，以保护古籍为工作最高准则，小心搬运，小心翻阅，避免更多的损伤，这是作为一名古籍工作者最基本的责任。

3.2 古籍基础影像资料采集过程中要处理现有技术水准与前瞻性的关系

任何时期，古籍基础影像资料采集的标准都是根据当时的技术条件和使用需求而提出的，所以，过去的标准与现在的标准存在较大的差距，导致过去合格的影像，现在可能不合格；现在合格的影像，将来可能不合格。这就要求我们在采集古籍基础影像资料时，应具有前瞻性，提高采集标准，扩大古籍基础影像资料的使用维度。

3.3 古籍基础影像资料采集目前难以适应人工智能的发展

随着科学技术水平的发展，特别是人工智能的迅速发展，应尽可能结合利用先进的科学技术，满足古籍使用的巨大需求，比如通过扫描古籍书页影像，能迅速识别古籍文字，让工作人员能够直观地理解文字内容和含义，再与自身专业知识和经验相结合，进行更高级的研究工作。此外，还需定期更新古籍影像资料数据库，融入更多科技元素，助推古籍文物的保护和利用。

3.4 古籍基础影像资料采集要适应古籍数据库的建设

在古籍数字化过程中，尤其是在数据库建设过程中，需要注意基础影像资料采集、加工、管理等各个环节的工作与古籍管理系统的关系，在这一点上，图书馆与博物馆是共通的。胡锤先生在《"数字故宫"建设过程中的经验和体会》一文中指出，信息化之初，"资源信息（影像、文字）的采集、加工、管理等各个环节都是与文物管理系统连接在一起的"。但随着工作的开展，根据工作的实际情况，需要"将所有资源信息的采集、加工和管理工作从文物管理系统中划了出来，重新整合为适用于不同文博业务应用系统的资源信息采集、加工、管理系统"。[2]

我们一定要重视古籍数字化工作，尤其是基础影像资料采集工作，切实认识到此项工作的重要意义，做好该项工作的基本规范，解决难点，全面贯彻落实2022年4月中共中央办公厅、国务院办公厅印发的《关于推进新时代古籍工作的意见》的文件精神，进一步做好古籍文物的研究、保护和利用工作。

参考文献

[1] 李明杰:《中文古籍数字化基本理论问题刍议》,《图书馆论坛》2005年第5期。

[2] 胡锤:《"数字故宫"建设过程中的经验和体会》,中国博物馆学会数字化专业委员会学术研讨会暨首届学术研究成果展示会论文,载故宫博物院网站"学术·学术研究"栏目。网址参见:https://www.dpm.org.cn/study_detail/100198。

[3] 胡锤:《关于"数字故宫"建设》,《中国博物馆》2003年第4期。

[4] 吴玉灵:《馆藏古籍数字化保护问题与对策研究》,《图书馆学刊》2022年第2期。

[5] 张会芳:《古籍数字化对古籍文献"藏用矛盾"的影响研究》,《科教文汇》2020年第32期。

数字化视域下红色电信记忆传播研究
——以中国电信博物馆为例

王牧贤[*]

摘要：博物馆作为储存历史记忆、展现文化价值的重要场所，在传承历史文化、赓续文化血脉、增强文化认同方面具有重要意义。随着数字化时代的到来，博物馆衍生出了"数字+"的新发展模式，文物藏品数字技术为文物藏品的保存延续、内在阐释以及外在传播提供了新的视角。中国电信博物馆作为红色电信记忆的传播主阵地，依托中国电信自有的天翼云和5G、AI、AR等数字化智能技术，突破传统静态展览，打造电信数字藏品，让数字化文物形态触达各地，将文史资源可视化，向大众讲述好党领导下我国电信事业走过的百年光辉历程，激励新时代中国电信人持续传承、发扬红色电信精神。

关键词：数字化展览；红色电信故事；红色电信记忆；文化传播；中国电信博物馆

---

[*] 王牧贤，中国电信博物馆，北京，100083。

红色记忆源自中国共产党史，是对中国共产党所领导的革命历史与革命文化的记忆建构与意向展现。[1]它是中华民族宝贵历史经验的提炼与升华，通过物件、音频、文字、图像、旧址、名人故居等载体呈现。红色电信记忆便是关于党和国家在革命时期电信事业的记忆，属于红色记忆的一种。随着数字化时代的到来，博物馆运用数字智能技术解读藏品、传播文化记忆，已成为发展趋势。博物馆传播文化记忆的价值，不仅体现在藏品的具象物事呈现，还在于唤起特定民族群体代际间的对话、交流和情感。[2]目前学界关于博物馆文化传播方面的研究多集中在历史、艺术、数字博物馆，对行业博物馆探讨相对较少。本次选取的研究对象中国电信博物馆，是国家级通信行业综合性博物馆，全面展示了中国电信发展历史，是全国电信文物收藏、保管、研究的专门机构，也是传播电信科技科普知识的文化基地；馆内依托中国电信自有的天翼云和5G、AI、AR等数字化智能技术，完成了智慧博物馆（一期）建设。因此，中国电信博物馆具有文化记忆传播的资源基础与数字技术，为本次研究提供了可行性。

随着文物藏品数字技术与传播的深度交融，博物馆借助文物藏品向大众讲好历史故事，早已发展出了多样化的叙事形态。博物馆的数字化展览，意在保持博物馆实体展览的基础上，将数字技术融入文物藏品的保护、研究中，深层次、多角度地挖掘和解读文物藏品的内涵与价值，向大众展示好文物藏品的深度内容。中国电信博物馆运用数字技术，深入解读革命时期电信文物的历史内涵以及蕴含的精神，以"数字+"的多元模式展现百年电信业的辉煌历程，弘扬红色电信精神，是新时代行业博物馆运用数字化展览讲好历史故事的典型代表。

1. 数字技术：电信藏品叙事的新借力

数字媒介新时代语境下，多种技术赋予文物生动性、互动性。博物馆多方位、多角度的展现让藏品重新"活"了起来，增强了观众的文化体验感。尤其对于红色主题的展馆来说，数字化手段能以更新颖、更深刻的方式让观众了解历史、汲取红色精神，激发爱国情怀。以中国电信博物馆为例，其展览依托5G、人工智能、VR等技术为观众营造集数字藏品、动画演绎、情怀传递、互动体验于一体的沉浸式空间，让观众主动融入藏品的故事之中。

1.1 数字技术延续电信文物的寿命，丰富展示细节

从数字保护方面看，数字技术主要从保护文物安全和监测预警方面来有效延续文物寿命。一方面，展陈活动会给文物带来不同程度的损害，虽然文物保存与修复技术一直在发展、更新，但文物仍不可避免地受到损害。如今，采用数字化技术采集电信文物藏品的信息，能有效避免电信文物因被带至各类展览活动而受到损害，进而有效进行文物资源的共享。另一方面，利用人工智能技术可以对文物进行自动化检测与预警，及时发现文物藏品的病害与损伤，加上展厅监控的无死角覆盖，从而进行有效保护。

从数字记录方面看，博物馆数字技术的应用相较传统的文物记录方式更高效、更全面。中国电信博物馆利用高清晰数码设备对文物进行拍摄，将图像和图书史料进行数字保存，能有效规避文物藏品因时间久远、虫蛀和生霉带来的伤害。博物馆利用U盘、云存储等技术，可以长期有效保存数字资料，防止多种因素导致的文物或资料受损。

从展陈效果方面看，传统的实物观展模式较为直观，但出于文物安全性的考虑，观众与文物藏品间需保持安全距离，博物馆"讲故事"主要依靠介绍词或讲解员实现。对于与文物有共鸣或是具有浓厚探索兴趣的观众来说，实物展览无法满足其更多的需求。数字藏品能弥补实体展览的不足，在满足观众对于文物展示细节、自主聆听文物故事需求的同时，有效保障了文物安全，延长了文物寿命，推动了博物馆内部人员管理与观众流量的优化。

1.2 数字技术引领观众沉浸式体验，丰富感官体验

博物馆的数字化建设，深刻改变了藏品信息的文化传播方式。中国博物馆协会理事长刘曙光认为，博物馆实现文化传播的方式，已从文物知识的数字化多元演绎，发展到文物故事的数字化沉浸式互动体验。数字技术的运用，让观众主动参与到博物馆构建的特定情境中，充分调动了观众的视觉、听觉、嗅觉和触觉等，从而让观众形成更深刻的藏品记忆。中国电信博物馆依托天翼云、XR、AI、3D等可视化技术，为观众构建沉浸式情境体验，让观众从"观看者"转变成革命通信岁月的"亲历者"。

2. 红色电信记忆的时代表达：电信藏品的数字化传播

中国电信博物馆从前身"中国邮电博物馆"到如今，收藏有原邮电部时期保留的丰富电信文物藏品，其中不乏革命时期的文物藏品、旧照片、资料、记录等。中国电信博物馆将文物和档案入库，进行编目、分类，建立文物数据库，建设智慧库房，并基于 5G+AR 技术，完成了智慧博物馆（一期）建设。馆内通过先进技术赋能博物馆文化传播和文物传承，促进电信文史资源更高效的利用，为文物修护、研究和展示提供技术支撑，推动电信藏品数字化传播。

2.1 "探新奇"多维度展示文物"身世"

中国电信博物馆推出的"百年电信"小程序中，有"图说百年电信""探新奇"和"创意文创"三个特色区域。"图说百年电信"将绵延百年的电信历史融为一幅卷轴。"探新奇"平台分为"3D 文物""时空图谱"和"互动视频"三个部分。在"3D 文物"一栏中，平台充分利用数字化智能技术（激光扫描仪、高清数码相机等），实现文物信息采集和影像建模，"还原"文物藏品并进行立体呈现（图 1）。每件文物清晰地标注有藏品名称、数据及材质。观众可以自行 360 度旋转藏品，并进行缩放、平移，可以直观地看到藏品颜色、结构及零部件等细节。

图 1 "探新奇"页面展示

在"探新奇"相应的"3D 文物"页面的右下角有"文物大观"按钮，观众轻触，便会展现该件文物的详细"身世"，每件藏品的尺寸都精被准地标注了出来。观众左右滑动图中的藏品，便能以文字和声音形式欣赏更深层的藏品内容。以"半部电台"为例，"3D 文物"中全方位展示出"半部电台"的细节及数据，并以视频、动画、文字等多元形式生动演绎电台的来历、电台与王诤将军的故事、文物的流传经历等，让观众深刻了解为何半部电台的出现成为我国红色电信事业的起点，了解其中的伟大红色电信精神。

2.2 数字技术趣味还原红色电信历史脉络

中国电信博物馆在智慧博物馆建设中推出了 AR 导览，多维度丰富了展览空间的视觉效果。平台采用端边云三层架构，与 5G+MEC 的网络架构相契合。此外，边缘能力平台具有环境感知、云建图、在线内容编辑等多种空间计算核心能力，能支撑博物馆点云三维重建、数字内容与现实场景关系映射、空间识别与重定位等功能。AR 导览实现了 16 个典藏文物数字化，部署了 96 个点位的全景导览（图 2），并提供多点位的 AR 导游导览、全景讲解、超长时间的语音讲解和多点位自助语音推送，实现了展陈数字化和观展互动化。

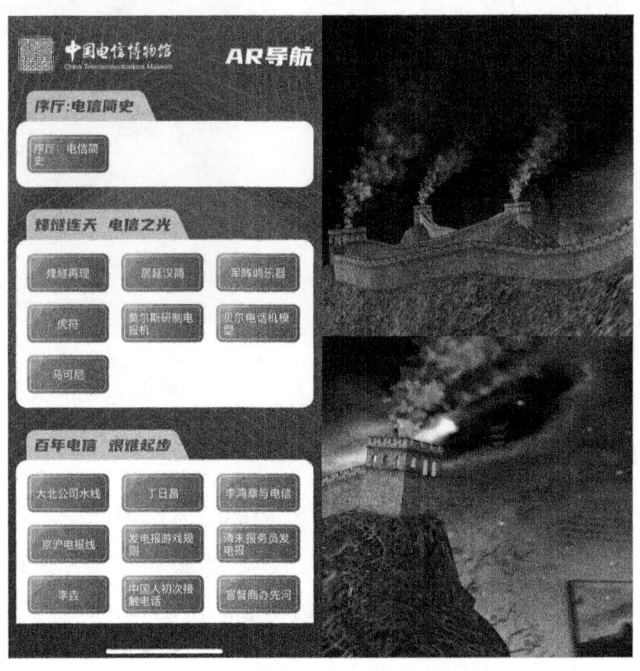

图 2　AR 导览页面及效果展示

比起传统的线下看展，"线上 + 线下"的逛展体验模式更能满足观者的多样化需求。观众用 AR 导览功能扫描展板或藏品，AR 导览页面将藏品中的视觉要素进行动态演示，或以动画形式播放，生动演绎电信故事。

以"探新奇"中的"时空图谱"为例，中国电信博物馆利用数字技术将早期的电信机构建筑真实再现出来，底部配上机构的历史沿革、重要人物和改革变迁等科普内容，让观众了解我国通信主体机构发展的来龙去脉。

在讲述红色电信故事方面，中国电信博物馆将红色电信故事进行数字化处理，为观众梳理、还原了红色电信历史中的重要人物关系图谱，使观众更易理解、接受，突出了电信历史上的重要、典型英雄人物。如王诤将军作为我国通信事业的开山鼻祖，在中国电信博物馆红色展区中对其进行了重点展陈，包括王诤将军的半身铜像、所获得的荣誉勋章及著作《王诤传》等，观众在了解红色电信历史的过程中，加深了对重点人物的记忆。其中，配有"时空图谱"中的人物关系脉络图（图3）的方式可以让红色精神的传递更加生动、具体。

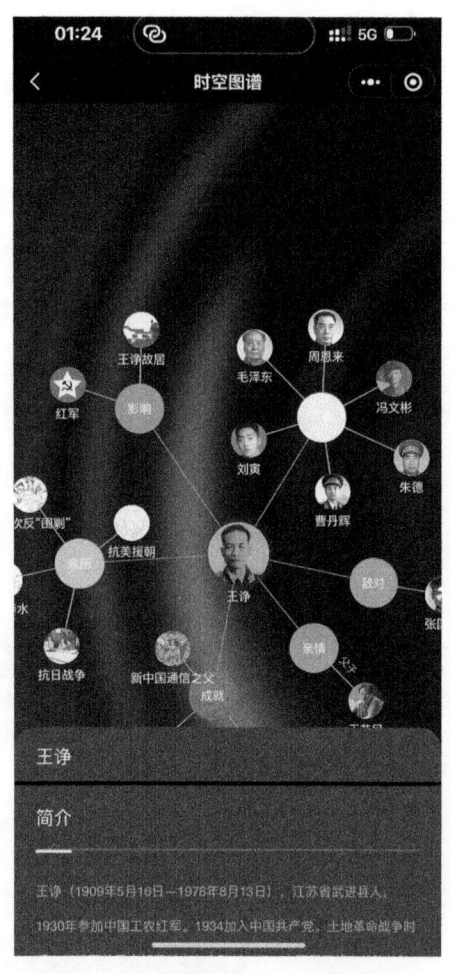

图3 "时空图谱"还原电信历史上重要人物的关系脉络示意图

2.3 文史资源可视化，智慧传播展线故事

博物馆书籍将文物知识、展陈内容与历史知识以可视化的形式呈现给大众，是博物馆文化传播与科普教育的良好结合。读者以书籍为媒介，深入了解博物馆，了解文物内涵和行业博物馆的行业历史，能更加重视自己的民族文化。在传播历史文化方面，中国电信博物馆实现了文史资源的可视化、数字化，生动讲述红色电信故事，科普好我国通信业发展的来之不易。馆内充分利用好革命时期电信事业的亲历者及其后人留下的资料、日记、照片等，经文史部重新整理、汇编成《红色电信故事》《红色电波 声声不息》（图4）等实体书籍，与展线上的内容互为补充，让展区内的通信战士形象更加生动、立体，推动观众深入了解、感受革命时期电信事业艰苦奋斗的历程。

图 4 《红色电信故事》系列书籍

同时，中国电信博物馆紧密结合数字化优势，将实体书籍变成了随时随地可翻阅的"电子书"（图5），将红色电信故事可视化。观众还可扫码听书，打破时空限制，以视、听、触摸等形式聆听革命故事，传播红色电信记忆。

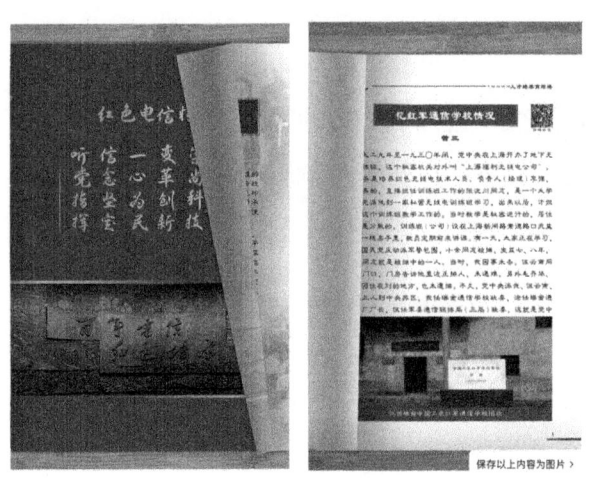

图 5 《红色电信故事》电子书页面

3. 数实结合传播红色电信记忆的价值阐述

国家的发展离不开电信事业的支持与发展，它不仅为经济、政治、文化等多个领域提供了技术基础，其应用更是覆盖了全国各个角落。中国电信是我国电信业改革的母体和发展的摇篮,传承了百年电信的深厚积淀。中国电信博物馆以数字技术为媒介,讲好红色电信故事,有助于帮助受众活化通信记忆,传承电信人精神,感知其中蕴含的时代价值和精神内涵,了解党领导下我国电信事业走过百年历程的艰难不易。

3.1 推动电信行业文史资源深入化发掘

我国自古便有了通信,历经时代的变迁、发展,电信技术也在发展中前行,留下了实物藏品、技术、文献资料、历史记载等丰富内容,这些承载了共产党人的共同记忆,更有全国人民的共同记忆。一方面,观众在聆听红色电信故事、感受我国电信事业飞速发展的同时,能从中获得创新启发,助力当下电信工作。另一方面,博物馆以多种形式再现电信历史时,需要收集、整理、考证电信相关的文史资源,再重新有逻辑、清晰地再现出电信业的发展,这一过程深入发掘了藏品蕴含的价值与内涵,实现了电信文史资源的文化教育价值,同时考证、丰富、补充了中国共产党历史的研究。通过梳理电信业的发展脉络,挖掘红色电信文史资源,传播红色电信记忆,对于推动电信事业的发展具有深远意义。

3.2 红色电信记忆是电信事业发展的历史教材

对于一个国家来说,历史是宝贵的经验、借鉴,是最好的教科书。当今我国通信业处在多元竞争格局中,新时代建设网络强国、数字中国和维护网信安全不能忘记国家红色通信事业的历史。

数实结合下的红色电信记忆传播,为我们复盘与延续国家电信历史,以史为鉴,提供了一个很好的契机。整体来看,主要具有以下现实意义:一是通过电信知识的代代相传,来保证电信文化的延续性。例如自古便有"飞鸽传书""烽火狼烟"来传递讯息,后来发明了"地听"与"翁听",随着技术的进步与战争的需要,在此基础上逐渐发展出了电报、电话、微波通信等。由此可见,知识技术的延续,推动了更新、更适应时代的技术产生。二是在集体里的个人,通过创造一个共享的过去,加强身份认同,从时空方面为他们构建一种整体意识和历史意识。[3]加强国家认同与社会凝聚力离不开对共同记忆的建构,当下一代抛弃了历史,无法再解读上一代象征着社会重大事件的符号意义时,过去的记忆对下一代人来说便失去了价值,"社会失忆症"便由此产生。[4] 因此，整合好电信文史资源、借助新媒体展现好红色电信故事，对建立共同的红色革命记忆具有重要的现实意义。

4. 结语

数字化智能技术的运用，对于文物藏品的保存延续、历史的复原、藏品内在阐释及文化传播起到了重要作用。中国电信博物馆依托中国电信自有天翼云和5G、AI、AR等数字化智能技术，采用了动画、场景、雕塑、数字化互动设计组合等多元展示方式，将我国百年电信历史巨变的情景转变为动静结合的"数字+"展陈，为观众构建多维度沉浸式体验空间，加强了受众的红色电信记忆。尽管在打造智慧博物馆的道路上仍存在不足，但中国电信博物馆在数实结合下进行的红色电信记忆传播，让更多的人共同认同、共鸣这段光荣的革命史，对提升大众对红色电信文化和企业的认同感，共筑红色记忆，具有重要的现实意义。

参考文献

[1] 李开渝、曹茹：《唤醒、共享与认同：社交媒体用户红色记忆呈现研究》，《中国出版》2022年第3期。

[2] 赵哲超、王昕：《媒介记忆视域下物质文化遗产的数字化传播——以微信小程序"云游敦煌"为例》，《新闻与写作》2021年第3期。

[3] 赵静蓉：《文化记忆与身份认同》，生活·读书·新知三联书店2015年版。

[4] Jacoby R. Social Amnesia: A Critique of Contemporary Psychology, Piscataway, NJ: Transaction Publishers, 1975, p.4.

[5] 王斯妤：《多媒体沉浸式情境重建的展览实践探讨》，《自然科学博物馆研究》2022年第2期。